人力资源管理从入门到精通系列

人力资源成本管理

全程实战指导手册

郭梅 主编

化学工业出版社

·北京·

内 容 简 介

《人力资源成本管理——全程实战指导手册》一书由导读（优化人力资源成本管理）和十二章内容组成，具体包括做好预算，合理规划；科学定岗，以人为本；有效招聘，降本溯源；强化培训，降本增效；薪酬预算，权衡产出；薪酬优化，控制成本；控制加班，节省开支；调整福利，控制费用；灵活用工，节约成本；留住人才，稳定队伍；员工离职，正确处理；签订合同，防范风险等。

本书采用图文解读的方式，通过基本流程、内容解读的形式，并辅以小提示、范本、相关链接等栏目，让读者在轻松阅读中了解人力资源成本管理过程中的要领并学以致用。本书尽量做到去理论化、注重实操性，以精确、简洁的方式描述重要知识点，满足读者希望快速掌握绩效管理实操技能的需求。

本书可作为人力资源管理人员、相关工作人员的参照范本和工具书，也可供高校教师和专家学者作为实务类参考指南，还可以作为相关培训机构开展人力资源管理培训的参考资料。

图书在版编目（CIP）数据

人力资源成本管理：全程实战指导手册／郭梅主编．—北京：化学工业出版社，2021.11（2022.11重印）
（人力资源管理从入门到精通系列）
ISBN 978-7-122-39786-7

Ⅰ.①人… Ⅱ.①郭… Ⅲ.①人力资源管理-成本管理 Ⅳ.①F234.2

中国版本图书馆CIP数据核字（2021）第169995号

责任编辑：陈 蕾 刘 丹　　　　　装帧设计：小徐书装
责任校对：王佳伟

出版发行：化学工业出版社(北京市东城区青年湖南街13号 邮政编码100011)
印　　刷：三河市航远印刷有限公司
装　　订：三河市宇新装订厂

787mm×1092mm　1/16　印张13¾　字数274千字　2022年11月北京第1版第2次印刷

购书咨询：010-64518888　　　　　售后服务：010-64518899
网　　址：http://www.cip.com.cn

凡购买本书，如有缺损质量问题，本社销售中心负责调换。

定　　价：68.00元　　　　　　　　　　　　　　　　版权所有 违者必究

前言

人力资源管理在企业管理中的作用变得日益重要。一个企业能否健康发展,在很大程度上取决于员工素质的高低,取决于人力资源管理在企业管理中的受重视程度。

人是企业拥有的重要资源,也是企业的核心竞争力所在。随着企业对人力资源的利用和开发,企业的决策越来越多地受到人力资源管理的约束。目前人力资源管理逐渐被纳入企业发展战略规划中,成为企业谋求发展壮大的核心因素,也是企业在市场竞争中立于不败的至关重要的因素。人力资源管理质量的高低,直接影响到企业利润和企业的核心竞争力,人力资源管理变成了最优先级的战略性资源之一。

基于此,为了帮助人力资源管理者更好地完成本职工作,充分发挥人力资源管理工作在企业发展中的作用,我们组织有关专家学者编写了本书。

通过本书的学习,人力资源管理者可以全面掌握人力资源管理的各项技能,更好地开展人力资源管理工作。同时,本书可以作为人力资源管理入门者、中小企业管理者、各高校人力资源管理专业的学生、大型企业中层管理者自我充电、自我提升的学习手册和日常管理工作的指导手册,还可以作为相关培训机构开展岗位培训、团队学习的参考资料。

《人力资源成本管理——全程实战指导手册》一书由导读(优化人力资源成本管理)和十二章内容组成,具体包括做好预算,合理规划;科学定岗,以人为本;有效招聘,降本溯源;强化培训,降本增效;薪酬预算,权衡产出;薪酬优化,控制成本;

控制加班，节省开支；调整福利，控制费用；灵活用工，节约成本；留住人才，稳定队伍；员工离职，正确处理；签订合同，防范风险。

本书采用图文解读的方式，辅以小提示、范本、案例、相关链接等栏目，让读者在轻松阅读中了解人力资源成本管理的要领并学以致用。本书尽量做到去理论化、注重实操性，以精确、简洁的方式描述重要知识点，满足读者希望快速掌握人力资源成本管理技能的需求。

由于笔者水平有限，书中难免出现疏漏之处，敬请读者批评指正。

编者

目录

导读 优化人力资源成本管理

一、何谓人力资源成本 2
二、人力资源成本的构成 2
三、人力资源成本管理的意义 5
四、人力资源成本的优化 6

第一章 做好预算，合理规划

第一节 人力资源成本预算的认知 10
 一、人力资源成本预算的意义 10
 二、人力资源成本预算的要求 10
 三、人力资源成本预算的重要性 11
第二节 人力资源成本预算的实施 12
 一、人力资源成本预算的编制 12
  范本　××公司人力资源部年度费用预算方案 13
 二、人力资源成本预算的执行与控制 16
 三、人力资源成本预算的考核与激励 17

第二章 科学定岗，以人为本

第一节 科学定岗的认知 20
一、科学定岗的意义 20
二、科学定岗的重要性 20
三、科学定岗的原则 21
四、影响定岗定编的因素 21

第二节 科学定岗的实施 22
一、进行岗位分析 22
二、人岗匹配 23
三、定岗定编 24
　　案例　××酒店餐饮部的定岗定编 29
四、编制岗位说明书 32

第三章 有效招聘，降本溯源

第一节 有效招聘的认知 36
一、有效招聘的作用 36
二、有效招聘的特点 36
三、有效招聘的原则 37

第二节 有效招聘的实施 37
一、明确招聘需求 37
二、选择招聘渠道 39
三、明确选才标准 41
四、认真筛选简历 44
五、把好面试关 47
　　相关链接　常见的面试方法 48
六、进行人才测评 51
　　案例　从能力、动力、人格对应聘者进行素质评价 57

第四章 强化培训,降本增效

第一节 员工培训的认知 62
一、员工培训的概念 62
二、员工培训的类型 62
三、员工培训的意义 63

第二节 员工培训的实施 64
一、明确培训需求 64
相关链接 几种常见的产生培训需求的情况 67
二、制订培训计划 68
三、培训效果评估 70
四、培训经费预算与管理 71

第五章 薪酬预算,权衡产出

第一节 薪酬预算的认知 78
一、薪酬预算的概念 78
二、薪酬预算的作用 78
三、影响薪酬预算的因素 79

第二节 薪酬预算的实施 80
一、薪酬总额预算的方法 80
二、薪酬预算的实际运用 83

第六章 薪酬优化,控制成本

第一节 薪酬优化的认知 88
一、薪酬成本控制的意义 88
二、薪酬成本的构成 88
三、影响薪酬成本的因素 91

第二节 薪酬优化的实施 94

一、建立可变薪酬体系 94

相关链接 有效薪酬体系的标准 95

二、合理分析和评价岗位价值 96

三、加强企业文化建设 98

四、健全企业内部管控机制 99

五、控制人才流动率 99

六、强调员工报酬差异化 100

七、设计合理的薪酬结构 100

范本 薪酬体系设计方案 102

八、保持合理的员工结构 110

第七章 控制加班，节省开支

第一节 加班加点的认知 114

一、控制加班的意义 114

二、加班加点的条件 114

三、加班加点工资的计算 115

第二节 控制加班的措施 117

一、用制度规范加班 117

范本 员工加班申请控制程序 118

案例 有效监督，杜绝虚假加班 121

二、严格界定加班情形 121

三、科学设计劳动定额 122

四、加强绩效考核 122

五、利用特殊工时制 122

六、控制加班费的基数 123

七、合法利用调休 124

八、保留工资支付凭证 124

第八章　调整福利，控制费用

第一节　员工福利的认知 128
一、员工福利的意义 128
二、员工福利的内涵 128
三、福利管控的作用 128
四、员工福利的构成 129

第二节　福利成本的控制 131
一、法定福利的成本控制 131
二、非法定福利的成本控制 132
三、实施弹性福利 134
　　范本　××公司年度弹性福利计划及实施方案 137

第九章　灵活用工，节约成本

第一节　灵活用工的认知 142
一、灵活用工的概念 142
二、灵活用工的特点 142
三、灵活用工的优势 143

第二节　灵活用工的实施 144
一、劳务派遣用工 144
二、聘用非全日制用工 147
三、聘用实习生 149
　　案例　实习期受伤可以认定工伤吗 151
四、退休人员返聘 152
五、聘用兼职人员 153

第十章　留住人才，稳定队伍

第一节　人才流失的认知 156
一、人才流失的危害 156

二、人才流失的原因..156
　　三、人才流失的特征..157

第二节　留住人才的措施..158
　　一、以优良的企业环境留住人才......................................158
　　二、以事业驱动机制留住人才..160
　　三、以科学合理的薪酬机制留住人才..................................162
　　　　案例　高薪也未必能留住人才....................................163

第十一章　员工离职，正确处理

第一节　员工离职的认知..166
　　一、员工离职的概念..166
　　二、员工离职的方式..166
　　三、离职成本的组成..169

第二节　离职成本的控制..170
　　一、保持员工队伍的稳定..170
　　二、做好离职面谈..172
　　三、依法补偿员工..173
　　　　案例　解除非全日制员工要付经济补偿金吗........................178
　　四、依法保护商业秘密..179
　　五、做好离职交接管理..182
　　　　范本　××企业员工离职交接制度................................183

第十二章　签订合同，防范风险

第一节　劳动合同的认知..190
　　一、劳动合同的含义..190
　　二、劳动合同的作用..190
　　三、劳动合同的特征..191

第二节　劳动合同签订风险防范措施 192
一、谨慎拟订劳动合同 192
二、签订时尽告知义务 198
三、不能要求员工提供担保及扣押证件 199
四、必须订立书面劳动合同 200
五、避免签无效劳动合同 200
　　相关链接　常见的无效劳动合同条款 201
六、对拒签劳动合同的员工立即终止劳动关系 203
　　案例　员工入职拒签劳动合同，怎么办 204

导 读
优化人力资源成本管理

人力资源在企业经济发展中发挥着重要的作用，在知识经济时代，企业高层管理者深刻认识到了人力资源的重要性。而在未来的企业经济发展中，人力资源成本管理会成为 21 世纪企业进一步发展的重要手段。

一、何谓人力资源成本

所谓企业人力资源成本，是指企业为了获得日常经营管理所需的人力资源，并于使用过程中及人员离职后所产生的所有费用支出，具体包括招聘、录用、培训、使用、管理、医疗、保健和福利等各项费用。

二、人力资源成本的构成

根据人员从进入企业到离开企业整个过程中所发生的人力资源工作事项，可将人力资源成本分为取得成本、开发成本、使用成本与离职成本四个方面，具体如图 0-1 所示。

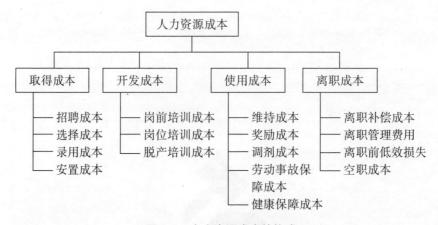

图 0-1　人力资源成本的构成

1. 取得成本

取得成本是指企业在招募和录取员工的过程中发生的成本，主要包括招聘、选择、录用和安置等各个环节所发生的费用，具体项目如表 0-1 所示。

表 0-1　取得成本的构成

序号	成本项目	说明
1	招聘成本	招聘成本是指为吸引和确定企业所需内外人力资源而发生的费用，主要包括内部成本、外部成本和直接成本。内部成本为企业内招聘专员的工资、福利、差旅费支出和其他管理费用。外部成本包括外聘专家参与招聘的劳务费、差旅费。直接成本为广告、招聘会支出招聘代理、职业介绍机构收费员工推荐人才奖励金大学招聘费用等
2	选择成本	选择成本是指企业为选择合格的员工而发生的费用，包括在各个选拔环节（如初试、面试、心理测试、评论、体检等过程）中发生的一切与决定录取或不录取有关的费用
3	录用成本	录用成本是指企业为取得已确定聘任员工的合法使用权而发生的费用，包括录取手续费、调动补偿费、搬迁费等由录用引起的有关费用
4	安置成本	安置成本是指企业将被录取的员工安排在某一岗位上的各种行政管理费用，包括录用部门为安置人员所损失的时间成本和录用部门安排人员的劳务费、咨询费等

2. 开发成本

开发成本是指为提高员工的能力、工作效率及综合素质而发生的费用或付出的代价，主要包括岗前培训成本、岗位培训成本和脱产培训成本，具体项目如表 0-2 所示。

表 0-2　开发成本的构成

序号	成本项目	说明
1	岗前培训成本	岗前培训成本是指企业对上岗前的新员工在思想政治、规章制度、基本知识和基本技能等方面进行培训所发生的费用，具体包括培训者与受培训者的工资、培训者与受培训者离岗的人工损失费用、培训管理费、资料费用和培训设备折旧费用等
2	岗位培训成本	岗位培训成本是指企业为使员工达到岗位要求而对其进行培训所发生的费用，包括上岗培训成本和岗位再培训成本
3	脱产培训成本	脱产培训成本是指企业根据生产和工作的需要，允许员工脱离工作岗位接受短期（一年内）或长期（一年以上）培训而发生的成本，其目的是为企业培养高层次的管理人员或专门的技术人员

3. 使用成本

使用成本是指企业在使用劳动力的过程中发生的费用，主要包括工资、奖金、津贴、补贴、社会保险费用、福利费用、劳动保护费用、住房费用、工会费、存档费和残疾人保障金等，具体项目如表 0-3 所示。

表 0-3　使用成本的构成

序号	成本项目	说明
1	维持成本	维持成本是指企业保持人力资源的劳动力生产和再生产所需要的费用，主要指付出员工的劳动报酬，包括工资、津贴、年终分红等
2	奖励成本	奖励成本是指企业为了激励员工发挥更大的作用，而对其超额劳动或其他特别贡献所支付的奖金，包括各种超额奖励、创新奖励、建议奖励或其他表彰支出等
3	调剂成本	调剂成本是指企业为了调剂员工的工作和生活节奏，使其消除疲劳、稳定员工队伍所支出的费用，包括员工疗养费用、文体活动费用、员工定期休假费用、节假日开支费用、改善企业工作环境的费用等
4	劳动事故保障成本	劳动事故保障成本是指员工因工受伤和因工患职业病的时候，企业应该给予员工的经济补偿费用，包括工伤和患职业病的工资、医药费、残废补贴、丧葬费、遗属补贴、缺勤损失、最终补贴等
5	健康保障成本	健康保障成本是指企业承担的因工作以外的原因（如疾病、伤害、生育等）引起员工健康欠佳，不能坚持工作而需要给予的经济补偿费用，包括医药费、缺勤工资、产假工资和补贴等

4. 离职成本

离职成本是指企业在员工离职时可能支付给员工的离职补偿费及因工作暂停而造成的损失等，具体项目如表 0-4 所示。

表 0-4　离职成本的构成

序号	成本项目	说明
1	离职补偿成本	离职补偿成本是指企业辞退员工或员工自动辞职时，企业所应补偿给员工的费用，包括至离职时间止应付给员工的工资、一次性付给员工的离职金、必要的离职人员安置费用等支出
2	离职管理费用	离职管理费用是指在员工离职过程中，管理部门为处理该项事务而发生的费用
3	离职前效率损失	离职前效率损失是指一个员工在离开某一单位前，由于原有生产效率受到损失而发生的成本
4	空职成本	空职成本是指企业在物色和招聘到离职者的替代人员之前，由于某一职位出现空缺，可能会使某项工作或任务完成受到影响，由此而引起的一种间接成本

三、人力资源成本管理的意义

加强企业人力资源成本管理与运用有助于科学利用企业人力资源，进一步提升企业的经济效益与社会效益。具体来说，人力资源成本管理具有图0-2所示的意义。

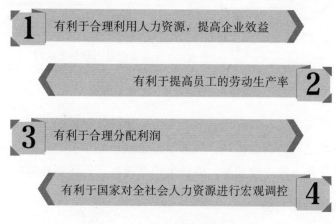

图0-2 人力资源成本管理的意义

1. 有利于合理利用人力资源，提高企业效益

合理利用各种资源，使它们在经济过程中发挥最大的效益，始终是人类进行经济活动追求的目标。为此，必须做到"物尽其用，人尽其才"，人力资源是宝贵的资源，高素质的人力资源更是稀缺资源，他们在经济活动中起着十分重要的作用。

人尽其才的重要原则就是让合适的人去做合适的事，人事相宜。知识技能高的人，他在教育训练等方面的投资就多，人力资源成本就高。如果让这样高能力、高薪资的人来从事简单的劳动，不仅浪费人才，而且使人力成本增大；反之，如果让能力低且薪资低的人来从事复杂的工作，表面看来节约了人事成本，实际上能力低的人很难完成复杂的工作任务。

2. 有利于提高员工的劳动生产率

企业从招聘员工到使用员工的过程中，人事成本的支出是已定的，而且在一定时期这种支出也是相对固定的。如工资、保险等的支出不会大起大落，而是相对固定的。但是员工在劳动过程中劳动生产率因素则受到多种因素的影响而发生变化，影响员工劳动的积极性，从而影响劳动生产率。影响劳动生产率的因素如图0-3所示。

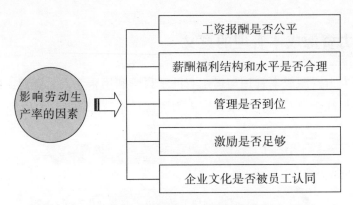

图0-3 影响劳动生产率的因素

上述这些方面都涉及人力资源成本的支出。如果处理得好,则员工的满意度提高,劳动积极性和劳动生产率就会提高,经济效益也就提高;反之就会下降。因此,劳动生产率和经济效益是一种正比关系。劳动生产率越高,经济效益越好。

3. 有利于合理分配利润

人力资源投资构成人力资源成本。这种投资包括个人、企业和国家三部分。人们对人力资源进行投资的目的是为获得收益。因此,正确测定人力资源投资成本为企业合理分配利润奠定了基础。个人通过薪酬获得收益,国家通过税收获得收入,企业以净利润形式获得效益。

4. 有利于国家对全社会人力资源进行宏观调控

通过对人力资源投资成本的测算,政府可以了解整个社会人力资源维护和开发情况。由于人力资源的开发和利用关系到国家的利益,因此政府就可以根据各地区、各部门、各行业、各单位的人力资源投资状况,通过法律的、行政的、经济的手段来调控社会各方面的人力资源投资,从人力资源上保持各地区、各部门、各行业的高速、均衡和持续发展。

四、人力资源成本的优化

企业人力资源成本管理是一项系统工程,它要求企业必须系统、全方位、全过程地进行这项工作。有效地控制企业人力资源成本,不仅有利于企业支出的减少、成本的降低,更有利于企业内部人力资源结构的优化配置和人力资源成本的合理科学支出,使企业拥有富有竞争力的人力资源保障。企业除了在人力资源成本各项指标分析的基础上,还可以有针对性地采取如表0-5所示的多种措施,降低人力资源成本,提高效益指标。

表 0-5 控制人力资源成本的措施

序号	控制措施	说明
1	合理配置员工	企业要根据生产（经营）规模和成本目标管理，科学定岗定编，优化人力资源配置，合理、节约地使用劳动力。对每一个员工都要有明确的工作岗位、工作任务和岗位职责。要坚持做到用人有标准，人尽其才、才尽其用，最大限度地调动每个员工的积极性
2	合理使用劳动力	企业选才要合理，用才要适当，避免大材小用，用人不当。大材小用会使员工感到学无所用，工作积极性受影响，工作热情受压制，对企业来说难以留住人才，造成企业人才流失
3	运用高绩效员工	运用高绩效员工，是决定整个企业的效率、产出、盈亏和成败的主要因素，构成企业的竞争优势和核心的竞争力，是企业人力资源管理的重点。企业人力资源开发的重点应由面向全体员工向主要面向高绩效员工转变，向高绩效员工倾斜
4	保持团队稳定	因为人员流动频繁，不仅企业生产（经营）受影响，还会增加人员招聘、录用、安置等人力资源获取成本和开发成本，因此要保持员工队伍的相对稳定
5	从内部培养和选拔人才	结合企业内部的实际情况，依照企业的目标策略，给有培养前途的员工设置具有挑战性的工作或职位，使其能够在工作中得到发展空间，不仅满足了这些员工自我发展、自我实现的需要，同时也使他们在工作中得到锻炼，真正的人才得以脱颖而出，这种人才选拔的方式成本低、效率高、效果好
6	加强员工培训	企业要通过培训，提高员工的素质。企业有高效率的劳动才能创造低成本、高利润率和员工的高收入，而高效率的劳动取决于员工的素质和工作积极性，取决于对员工的不断开发和使用
7	遵守法律法规	企业要自觉遵守《中华人民共和国劳动法》《中华人民共和国劳动合同法》（以下简称《劳动合同法》）以及相关的法律法规，虽然会增加劳动成本，但与企业违反有关劳动法律和法规相比付出的代价反而小很多，这也是企业获得健康、长久发展的必要条件

第一章
做好预算，合理规划

第一节
人力资源成本预算的认知

一、人力资源成本预算的意义

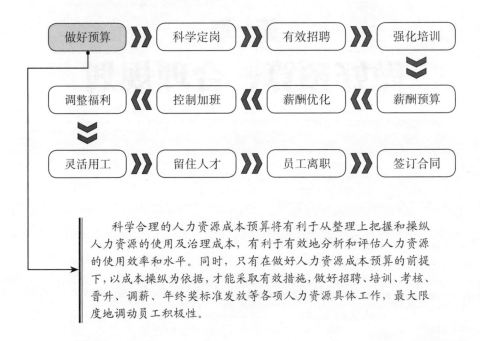

科学合理的人力资源成本预算将有利于从整理上把握和操纵人力资源的使用及治理成本,有利于有效地分析和评估人力资源的使用效率和水平。同时,只有在做好人力资源成本预算的前提下,以成本操纵为依据,才能采取有效措施,做好招聘、培训、考核、晋升、调薪、年终奖标准发放等各项人力资源具体工作,最大限度地调动员工积极性。

二、人力资源成本预算的要求

预算是一种系统的方法,用来分配企业的财务、实物及人力等资源,以实现企业既定的战略目标。企业可以通过预算来监控战略目标的实施进度,有助于控制开支,并预测企业的现金流量与利润。

对于人力资源成本预算来说,其基本要求如图1-1所示。

图1-1 人力资源成本预算的要求

三、人力资源成本预算的重要性

人力资源成本预算的重要性主要体现在图1-2所示的几个方面。

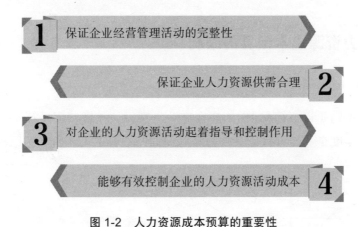

图1-2 人力资源成本预算的重要性

1. 保证企业经营管理活动的完整性

企业的未来人力资源需求预测是人力资源预算的重要内容，通过对企业人力资源现状的盘点，合理预测出下一年度企业人力资源的需求，能够及时地为企业的未来发展提供合适的人才，保证企业经营管理活动的完整性。

2. 保证企业人力资源供需合理

人力资源预算制定的前提就是对企业的人力资源现状进行全面的盘点，在充分了解自身人力资源供需结构的情况下，根据企业的发展战略预测出未来年度的人员需求，能够有效保证企业的人力资源供需合理，防止出现供过于求或者供不应求现象的出现。

3. 对企业的人力资源活动起着指导和控制作用

人力资源预算制定以后，对企业的人力资源管理活动起着指导和控制作用，使一切人力资源活动在预算的指导下，有序地进行，保证了人力资源管理活动的科学性和有序性。

4. 能够有效控制企业的人力资源活动成本

人力资源预算通过对未来人力资源管理活动成本费用的预测，能够合理控制企业在进行人力资源管理活动中的成本费用，促使企业在人力资源管理活动中实现资金的最大化利用。

第二节
人力资源成本预算的实施

一、人力资源成本预算的编制

1. 预算编制的原则

人力资源部门（以下简称 HR）应在充分考察以往年度费用预算及使用情况的基础上，结合本年度企业经营目标及人力资源规划，本着图 1-3 所示的原则进行编制。

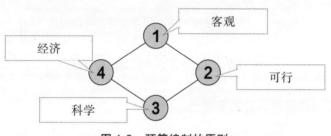

图 1-3　预算编制的原则

2. 预算编制的流程

人力资源成本预算编制流程如图 1-4 所示。

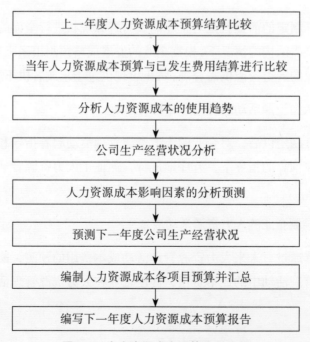

图 1-4　人力资源成本预算编制流程

> **小提示**
>
> HR在制定预算时,应考虑各项可能变化的因素,留出预备费,以备发生预算外支出。

下面提供一份××公司人力资源部年度费用预算方案的范本,仅供参考。

范本

××公司人力资源部年度费用预算方案

一、总则

1. 目的

为使企业人力资源管理资金的合理安排、有效使用,人力资源成本得到合理控制,特制定本方案。

2. 原则

在充分考察以往年度费用预算及使用情况的基础上,结合本年度公司经营目标及人力资源规划,本着客观、可行、科学和经济原则编制。

3. 职责范围

(1) 人力资源部负责年度费用预算的编制。

(2) 各相关职能部门给予相应配合。

(3) 本预算方案经总经理审批后,财务部备案。

二、年度人力资源部费用预算及使用情况分析

人力资源部通过收集公司3年内人力资源费用预算及使用情况数据,并分析整理,结论如下表所示。

人力资源部费用预算及使用情况历史数据

单位:万元

费用项目	2018年		2019年		2020年	
	预算	实际	预算	实际	预算	实际
招聘费用	0.85	0.8	1.2	1.25	1.6	1.6
培训费用	3	2.8	3.5	3.4	4.2	4
员工工资	150	144	180	183	235	240
各项福利费用	20	18.9	22	24	28	27.9

续表

费用项目	2018年 预算	2018年 实际	2019年 预算	2019年 实际	2020年 预算	2020年 实际
社会保险总额	60	58	72	73.2	84	83.5
其他相关费用	4	4.5	6	5.8	8	8.5
总计	237.85	229	284.7	290.65	360.8	364.5

由上表数据可以得出如下结论。

（1）随着公司经营业绩的不断增长及业务范围的扩展，每年公司需要招聘各类岗位员工，招聘费用基本以平均40%的速度递增。

（2）随着公司员工总数的逐年增加，员工工资费用支出平均以30%的速度递增。

（3）随着公司经营效益的提高及员工总数的增加，各项福利费用亦随之递增。

（4）根据我国国民生产总值的不断提高，本地区人均工资水平不断提高，员工保险缴费基数亦逐年相应提高，加之公司员工总数的提高，公司每年缴纳社会保险总数基本平均以每年20%的速度递增。

（5）其他各类人力资源相关费用支出平均亦以35%的速度递增。

（6）公司人力资源管理费用总额平均以28%的速度递增。

三、公司经营状况分析

（1）公司2021年的发展目标为：继续以40%的增长速度发展。

（2）预计新增业务项目2项，人员编制15人，其中项目经理2名。

（3）预计公司在传统业务项目上加大运营力度，销售和研发人员会有所增加。

（4）公司相关人力资源管理制度、政策的调整对人力资源管理费用的影响。

四、2021年公司人力资源相关政策的调整

根据公司于2020年12月公布的《2021年人力资源管理制度》的规定，对相关人力资源管理政策的调整特总结如下。

人力资源管理政策调整内容

人力资源政策	调整内容
招聘政策调整	（1）2021年起，大力实行中高级人才内部推荐制，经公司考核合格后录用为正式员工的，每成功一名，奖励推荐员工500元 （2）2021年将进一步完善非开发人员的选择程序，加强非智力因素的考查；研发人员的选择仍以面试和笔试相结合的考查办法

续表

人力资源政策	调整内容
薪资福利政策调整	（1）经总经理提议，董事会批准，2021年1月起增加员工工龄津贴，为企业连续服务每满一年的每月增加100元工龄津贴 （2）2021年起能完成半年度生产、销售和利润目标的部门，企业将拨款，由部门组织员工春游、秋游各一次，费用为每人200～400元，视完成利润情况决定具体数额
考核政策调整	（1）2021年起实行全面的目标管理，公司根据各部门、各岗位人员目标的完成情况进行绩效考核 （2）2021年起建立部门经理对下属员工做书面评价的制度，每季度一次，让员工及时了解上级对自己的评价，发扬优点，克服缺点 （3）2021年起建立考核沟通制度，由直接上级在每月考核结束时进行沟通 （4）2021年加强对考核人员的培训，减少考核误差，提高考核结果的可靠性和有效性
员工培训政策调整	（1）2021年起新进员工的上岗培训，除了制度培训之外，增加岗位操作技能培训和安全培训，并实行笔试考试。考试合格方可上岗 （2）2021年起管理培训由人力资源与专职管理人员合作开展，培训分管理层和一般员工两部分 （3）2021年起为了激励员工在业余时间参加专业学习培训，经企业审核批准，凡愿意与企业签订一定服务年限合同的，企业予以报销部分或全部培训学费

五、2021年各项费用预算编制

1. 招聘费用预算，如下表所示。

招聘费用预算表

单位：元

校园招聘讲座费用	计划对本科生和研究生各进行3次讲座，共6次。每次费用800元，共计4800元
参加人才交流会	参加交流会3次，每次平均5400元，共计16200元
宣传材料费	交流会及校园招聘会的宣传材料合计4500元
网络招聘会	在××招聘网站上刊登招聘信息一年，费用合计9600元
合计	35100元

2. 培训费用预算

2020年实际培训费用4万元，本年扣除外聘人员的劳务费支出，增加新进员工的上岗培训费用，预计2021年培训费用约为4.6万元。

3. 员工工资预算

按企业增资每年5%计算和增加员工15人计算,全年工资支出预算为302万元。

4. 员工福利预算

增加春、秋游费用4万元(由行政部预算并组织),员工的各项福利费用预算为31.2万元。

5. 社会保险金

2020年社会保险金共交纳83.5万元,按20%递增,本年度社会保险金总额为100.2万元。

6. 人力资源部考虑各项可能变化的因素,留出预备费2万元,以备发生预算外支出。

7. 2021年公司人力资源管理预算简表如下表所示。

2021年公司人力资源管理预算简表

单位:万元

费用项目	预算额
招聘费	3.5
培训费	4.6
员工工资	302
各项福利费用	31.2
社会保险	100.2
其他费用支出	10
备用金	2
合计	453.2

二、人力资源成本预算的执行与控制

(1)企业应建立全面预算管理簿,可以设计"人力资源成本预算执行表",按预算项目详细记录预算额、实际发生额、差异额、累计预算额、累计实际发生额和累计差异额。

(2)在预算管理过程中,对预算内的项目由总经理、HR经理进行控制,预算委员会、财务部进行监督,预算外支出由总经理和财务部经理直接控制。

(3)下达的预算目标是与业绩考核挂钩的硬性指标,一般来说不得超出预算。

(4)费用预算如遇特殊情况确需突破时,必须提出申请,说明原因,经财务部经理及总经理的核准后纳入预算外支出。如支出金额超过预备费,必须由预算委员会审核批准。

(5)如果人力资源成本的预算有剩余,可以跨月转入使用,但不能跨年度。

(6)预算执行中由于市场或其他特殊原因(如已制定的预算缺乏科学性或欠准确、国家政策出现变化等)发生变化时,要及时对预算进行修正。

三、人力资源成本预算的考核与激励

1. 人力资源成本预算考核对象与作用

人力资源成本预算考核主要是对预算执行者的考核评价。预算考核是发挥预算约束与激励作用的必要措施,通过预算目标的细化分解与激励措施的付诸实施,以达到引导每一位员工向企业的战略目标方向努力的效果。

2. 人力资源成本预算考核原则

预算考核是对预算执行效果的一个认可过程,具体应遵循图1-5所示原则。

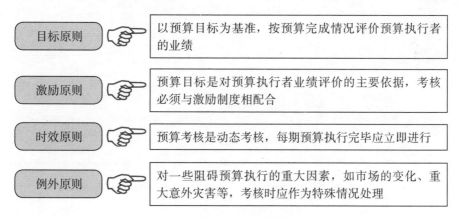

图1-5 人力资源成本预算考核原则

3. 预算考核的其他要求

企业应通过季度、年度考核保证人力资源成本预算得到准确执行。季度、年度预算考核是对前一季度、年度预算目标的完成情况进行考核,及时发现可能存在的潜在问题,或者在必要时修正预算,以适应外部环境的变化。

第二章
科学定岗,以人为本

第一节
科学定岗的认知

一、科学定岗的意义

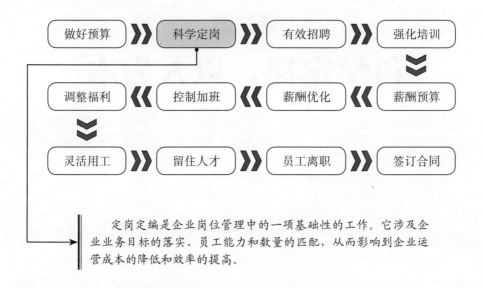

定岗定编是企业岗位管理中的一项基础性的工作。它涉及企业业务目标的落实、员工能力和数量的匹配,从而影响到企业运营成本的降低和效率的提高。

二、科学定岗的重要性

科学定岗的目的是实现"人、岗、事"三者之间的合理匹配,以此达到"人尽其才、才尽其用"的目标,尽最大可能地降低人才使用成本,使人员的能效得到最大限度的发挥,最终形成科学、合理、高效的内部运行机制,从而获得企业效益最大化。

具体来说,科学定岗的重要性主要体现在图2-1所示的几个方面。

1. 通过科学合理的定岗、定编、定员管理,可以明确岗位职责和任职条件,使企业有效地招收员工,组织培训,从而进行高效的员工分配以及人才储备

2. 定岗、定编、定员管理可以准确地确定人员的工作时间和工作种类,使各个工种、各个环节的员工需求量得以充分利用,以便及时有效地保证质量

| 3 | 定岗、定编、定员管理可以使专业性强的员工在适合自己的岗位上工作，达到人尽其用的状态，充分发挥他们的优越性，降低企业不必要的损失 |

| 4 | 定岗、定编、定员管理可以合理分配工作岗位上的人员数量，避免在职工作人员人浮于事、纪律松弛，提高劳动生产率 |

图 2-1　科学定岗的重要性

三、科学定岗的原则

科学定岗的工作原则如表 2-1 所示。

表 2-1　科学定岗的工作原则

序号	原则	具体说明
1	以战略为导向	强调岗位与组织和流程的有机衔接。以企业的战略为导向、与提升流程的速度和效率相配合，并有明确的岗位和编制体制
2	以现状为基础	强调岗位对未来的适应。一方面必须以岗位的现实状况为基础，充分考虑岗位价值发挥的基础条件；另一方面，要充分考虑组织的内外部环境的变化、组织变革与流程再造、工作方式转变等一系列变化对职位的影响和要求
3	以工作为中心	强调人与工作的有机融合。充分考虑任职者的职业素质与个人特点；体现职位对人的适应，处理好岗位与人之间的矛盾，实现人与职位的动态协调与有机融合
4	以分析为手段	强调对岗位价值链的系统思考。不仅是对职责、任务、业绩标准、任职资格等要素的简单罗列，而且是要在分析的基础上对岗位价值链上每个环节应发挥的作用的系统思考，包括该岗位对组织的贡献，与其他岗位之间的内在关系，在流程中的位置与角色，其内在各要素的互动与制约关系等

四、影响定岗定编的因素

影响定岗定编的基本要素如表 2-2 所示。

表 2-2　影响定岗定编的因素

序号	因素	具体说明
1	企业战略远景、使命	科学合理的定岗定编需要以企业的战略发展目标和业务模式为依据，采用不同的竞争战略，需要设计不同的业务组合方式，并配置相应的资源，如组织协调权利、人员配置等

续表

序号	因素	具体说明
2	组织架构	战略目标的实现,需要相应的组织架构予以支持,如部门职能的设计、管理的幅度、权利的架构等
3	业务流程	业务流程包括技术流程、操作流程、运行流程等,流程的设计与企业整体运行效率和企业的定岗定编有较大的关联,科学合理的业务流程能避免因人设岗的现象
4	信息系统	管理信息系统就是借助计算机网络系统对企业所需的信息进行采集、处理、储存和传输,并以此支持企业的各项经营活动,如决策、评估、控制、交流甚至交易等,企业信息系统的完善,将对企业业务的规范与人员的精简起到很大的作用

第二节
科学定岗的实施

一、进行岗位分析

岗位分析,是指对某工作进行完整的描述或说明,以便为人员管理活动提供有关岗位方面的信息,从而进行一系列岗位信息的收集、分析和综合的人力资源管理的基础性活动,如图2-2所示。

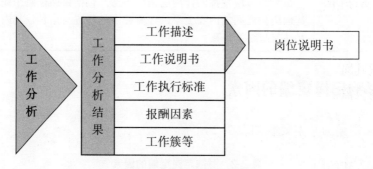

图2-2 岗位分析的内涵

1. 岗位分析的要素

岗位分析主要从图2-3所示的几个要素着手进行分析。

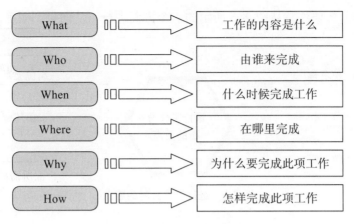

图 2-3　岗位分析的要素

2. 岗位分析的方法

岗位分析是一项复杂的系统工程，酒店进行岗位工作分析，必须统筹规划，分阶段、按步骤地进行。进行岗位分析通常使用的方法如图 2-4 所示。

图 2-4　岗位分析的方法

有了岗位分析的结果以后，就可以着手制定岗位工作说明书了。

二、人岗匹配

人岗匹配简单地可以理解为让适合的人在合适的岗位上做合适的事，从而使得"岗得其人，人适其岗"以及"人尽其才、物尽其用"。

不同的岗位需要不同的任职资格标准，而每个人的知识、技能、经验、素质也都是千差万别，如何将具有不同特点的员工匹配到不同任职资格标准要求的岗位上，即做到人岗匹配是需要管理者结合企业具体实际进行思考的。一般来说，企业可从以下两个角度进行人才的岗位匹配。

1. 从工作本身角度出发

从现有工作的本身角度出发，即要求企业进行工作分析，细化工作本身的职责，使其变成工作核心要项，根据核心要项来确定岗位的任职能力，以便更好地从岗位要求这个角度判断哪样的人会更适合此岗位，实现人岗匹配的第一步，即明确工作要求。

进行工作分析要注意从图 2-5 所示的六个方面进行，从而得到明确而细化的工作岗位职责。

图 2-5　进行工作分析的要点

2.从人的角度进行

企业现有的员工具有不同的知识、技能、经验和素质等，具有不同的特性，因此进行人岗匹配应该多层次地、全面地了解现有人员的特性，对其进行合理划分，也就是从人的角度进行。

对现有的人员进行合理划分时，可以从动机、性格、技能等维度进行考量，具体如图 2-6 所示。

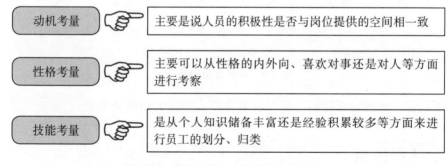

图 2-6　对人员合理划分的考量维度

三、定岗定编

定岗定编是确定岗位和确定岗位编制的合称，前者是设计组织中承担具体工作的岗位，而后者是设计从事某个岗位的人数。但在实际工作中，这两者是密不可分的，当一个岗位被确定之后，就会自动有人的数量和质量的概念产生。

1.定岗定编的原则

定岗定编应遵循图 2-7 所示的原则。

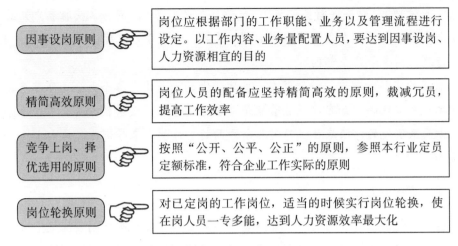

图 2-7 定岗定编的原则

2. 明确岗位工作内容

岗位是依据工作内容来设置的。一般来说，某一个工作目标需要一定的流程组合来实现。

比如，酒店是以吸引客人需求为输入对象、销售客房为输出对象这一组合流程来实现的。为配合这一流程，需要各种工作组合来配置，这一系列的组合工作即岗位职责，如图 2-8 所示。

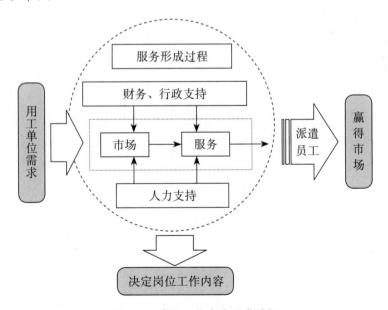

图 2-8 岗位工作内容形成过程

通过以上系统可以得知，服务的流程是由宾客需求、顾问（提供销售服务）、服务（为客房销售提供具体的服务）、质量（服务）、物料（各项服务提供中物料控制）、人力（人事管理）、财务（财务配置）、行政（行政后勤）、市场（获取客户）几大分支环节来实现的。因此在各酒店中我们可以看到，通常分为前厅、客房、餐饮、销售、人事、行政、财务等几个部门。

在酒店的实际管理中，特别是在一些比较大的酒店中，各个大分支环节是由各个次分支环节来实现的，如客房服务管理是由客房服务员、楼层服务员、工程维修服务等若干方面来实现的，酒店往往针对各个方面的工作要求来分解出工作内容。

3. 定岗定编的方法

制定一个科学、有效的定岗定编方案，不但要求人力资源部门要深刻把握组织脉搏，对组织战略有清晰的认识，而且要求人力资源部门要精通组织流程体系、各业务模块的核心内容及各部门、岗位的核心指标，准确掌握公司人力资源状况及各岗位的胜任特征。因为定岗定编的基本依据就是企业的战略目标，定岗定编的过程即是把企业的战略目标落实到每个岗位、每位员工的过程。

四维定岗法和三层次定编法能够在充分结合企业实际的前提下，帮助企业理顺管理、提高效率，能够充分激发员工的工作积极性和工作热情，从而有利于企业战略目标的高效实现。

（1）责权利能四维定岗法。责权利能四维定岗法如图2-9所示。

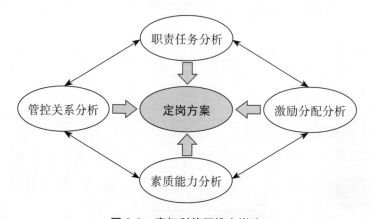

图2-9 责权利能四维定岗法

责权利能四维定岗法从岗位职责、权力、利益和能力四个维度来分析岗位，最终确定定岗方案，四个维度中职责和权力是主维度，而利益和能力则是两项有关键影响的权变维度。

① 设计岗位职责。定岗设计首先要依据企业的战略目标，把部门职责按业务流程需要分解为各项任务，不同的任务合理组合后即构成了岗位职责。任务的组合需要依循如图2-10所示的原则。

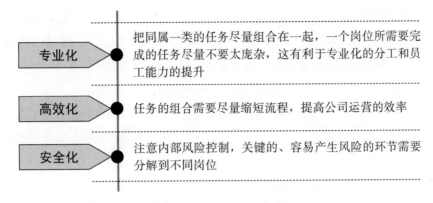

图 2-10 任务组合需依循的原则

② 确定岗位权力。职责必须与权力相匹配,因此在岗位职责设计后就要根据企业文化和管控模式,对每一岗位的权力进行设置,具体包括决策、汇报、监督和协调四方面的权力。

岗位权力实质上构成了企业的决策链条和信息传递链条。岗位权力的考量因素包括图 2-11 所示的内容。

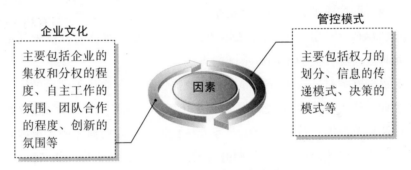

图 2-11 岗位权力的考量因素

③ 平衡岗位利益和岗位能力。在确定了岗位职责和权力之后,岗位的主要内容已经成形,随后就需要平衡岗位利益与岗位职责、岗位权力和岗位能力的关系,如图 2-12 所示。

岗位利益	岗位能力
岗位利益必须与岗位职责相匹配,即员工的付出和回报必须匹配。岗位利益与岗位职责的匹配主要从激励方式、考核人、绩效目标来估算员工完成工作任务后的所得,然后通过贡献分析来判断岗位职责与岗位利益是否平衡,从而保证薪酬的内部公平性和外部公平性	依据岗位权力、岗位职责及绩效标准来分析完成工作需要的能力,进一步从所需能力的稀缺性、需要能力的复杂程度来判断胜任工作的难易程度,然后结合现有人员能力来判断是否能够胜任、是否需要分拆岗位职责和岗位权力

图 2-12 平衡岗位利益和岗位能力

（2）三层次定编法。三层次定编法从宏观、中观和微观三个层次分步定编，在完成从宏观至中观再到微观的一个循环后，进而根据微观定编方案适当调整宏观方案。因此，该法三层次构成以宏观为本、互相影响、自主调节的闭环，如图2-13所示。

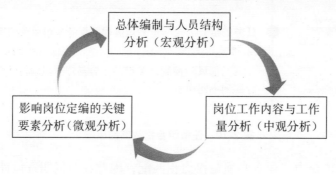

图2-13　三层次定编法

① 宏观定编。定岗定编的长远目标是确保企业经营目标的实现。宏观定编是指以企业的战略目标为基础，结合企业历史人工效率增长速度和行业标准人工效率确定企业总体编制；然后通过分析企业历史人工结构和行业标准人工结构，形成企业整体人工结构；两者即构成了企业的宏观定编方案。

② 中观定编。中观定编是指依据岗位工作内容和工作量的分析来制定基础的定编方案，此时按岗位种类的不同有不同的方法。

在制定定编方案时，人力资源部门一定要抓住影响企业员工数量的核心指标，并根据以往企业各历史时期的相关数据如商业计划书、业务发展大纲等进行初步测算。参照标杆行业相关数据，首先确定出业务人员数量，然后根据业务人员编制数量及本企业业务人员与一线各岗位人员比例和标杆行业相关数量，测算一线各岗位人员数量。管理人员及职能人员数量更多的是结合岗位工作职责、管理幅宽和企业内部风险，并参照同行业标杆来完成此类岗位的定编设计。

③ 微观定编。微观定编是指在中观定编形成的基础定编方案的基础上，考虑影响定编的关键要素对基础定编方案进行适当调整，使之更加符合企业实际情况。这时需要人力资源部门搜集与员工数量有关的历史数据。通过分析历史数据，分析员工数量评价指标与员工数量之间的关系，分析员工以往工作的饱和程度或劳动生产率，具体如图2-14所示。

对于职能及管理人员，人力资源部门可以对他们采用工作日志写实法，来分析统计目前各职能管理人员的工作饱和度。无论哪类岗位人员，一定要考虑其现有人员的能力现状，人力资源部门可以通过对各岗位人员绩效考核结果的统计分析，衡量各岗位人员的岗位胜任度。从而根据各岗位不同人员的胜任情况及工作饱和度对人员数量配置做出最后调整。

第二章 科学定岗，以人为本

对象	考虑要点
对生产人员	主要考虑生产设备的新旧状况、生产技术的可能革新以及生产工人的熟练程度、能力提升空间。对一线员工可以用班产量统计或工时统计分析，来确定当前一线人员的工作效率，从而确定一线人员的数量；如果组织运营模式发生变化或引入新设备、新工艺从而导致企业产出效率发生变化时，相同运营模式或产品工艺的竞争对手的一线人员配置信息和本企业员工的岗位胜任力情况将成为企业定编的主要依据
对业务人员	主要考虑员工的技能水平和企业新开拓市场的需要
对职能部门人员	主要考虑各部门工作配合默契程度，并适当考虑人员储备的需求和人员补充计划
对管理人员	主要考虑目前是否有配备副职、承担责任的深浅度以及后备干部培养的需要

图 2-14 微观定编的措施

 案例

××酒店餐饮部的定岗定编

【案例背景】

××酒店位于北京郊区，其周边环境优美，交通便利，是集会议、培训、商务、旅游、度假、娱乐、健身于一体的综合型酒店，建筑面积超过10万平方米，整体建筑依山就势，与自然浑然一体，凭借优美的自然环境和优质的服务获得客户的好评。

在酒店的发展中，餐饮是其中的主营业务之一，也是使用人数量最多的业务板块。随着酒店的发展，餐饮方面业务不断扩张，人员增加。然而在受到疫情影响后，业务量下滑，人工成本较高、忙闲不均的问题凸显出来。然而公司不能单纯地进行减员，目前餐饮方面分为多个餐厅，每个餐厅都配备了固定人员，如何能够保障服务质量的同时降低人工成本？在这种情况下，公司希望借助专业第三方的力量，对餐饮方面的工作量进行衡量，合理定岗定编。

经过多轮调研，酒店选择了××人力资源管理咨询公司作为合作伙伴。

为了准确评估问题，××人力资源管理咨询公司派出项目组进行跟进。项目组入场后，迅速开展了深入调研。发现该酒店始建于20世纪90年代，经过多年

发展，餐饮部门不断扩展，目前分布在多个区域，根据接待客户的标准不同、菜系不同，主要分为A、B、C三个区域，互相之间存在一定的距离。其中A餐厅分为上下五层，包括粤菜、北京火锅、烧烤、自助餐。B餐厅分为两层，以贵宾接待和婚宴、自助餐为主。C餐厅是内部贵宾接待厅。三个餐厅均有独立的厨师班组和服务员班组。在人员情况上，由于建设时间不同、接待对象不同，三个餐厅的人员能力、薪酬水平、工作强度各有差异，会出现一定时期内某个餐厅接待量大，其余餐厅接待量小的情况。因此，各餐厅的忙闲情况及工作强度并不相同，员工都认为自己餐厅工作较为辛苦，薪酬却不同，在人员协调上存在难度。

项目组结合酒店实际情况，通过对餐饮部定编的影响因素（包括接待量、服务等级与标准、人员调配效率、员工技能水平等）的分析，得出影响餐饮部的主要因素分别是各餐厅之间人员的调配效率和餐厅的接待人数。

对此，项目组提出以下解决方案。

1.合并班组，平衡工作量，实现人员综合利用

目前，各餐厅之间的人员调配效率低是导致餐厅之间忙闲不均的主要原因。因此，项目组对人员调配效率低的问题进行深入挖掘，目前各餐厅分属不同的班组管理，各班组之间人员调配涉及考勤、沟通协调等一系列问题，互相牵扯精力大，导致人员调配困难。

为解决人员调配效率低的问题，项目组对酒店餐饮部工作现状进行了解与分析，鉴于会议型酒店的性质，通过全年数据来看，A、C餐厅95%以上的情况开放自助餐，B餐厅85%以上的就餐人员以自助餐的形式就餐。而自助餐有标准菜谱和烹饪菜谱，目前各餐厅合格的厨师都能够完成菜品的制作，厨师之间的能力差异对餐饮服务影响较小，再考虑到各餐厅对餐饮服务员的能力没有差异性的要求，因此将目前的三个厨师班组和三个服务员班组分别进行合并，成立两个大班组，由餐饮部进行统一的调配，通过合理排班及人员调配来平衡内部忙闲不均的情况，解决人员综合利用的问题。在待遇方面，通过人员能力、工作用时进行定薪、调薪，进行合理优化，避免出现不公平现象，解决难以协调人员的问题。

2.利用提供科学工具的方法，确定合理定编人数

接待人数作为另一个重要的定编影响因素，需要与员工的工作量及工作饱和度进行综合分析，来确定餐饮部各岗位最终的定编人数。首先，对各餐厅的人员进行访谈与调查，找到实际员工配置与接待人数的关联；其次，结合历史接待人数数据，找到接待人数的平均值；最后，结合不同接待人数的工作量，计算出工作饱和度，综合分析得到应配置的人员数量。

（1）厨师岗位。在对餐饮部厨师岗位的定编设计中，首先对各餐厅的各岗位工作用时与接待人数的关联进行调查分析，对接待不同人数时，厨师的切配、炉灶、面点、凉菜等岗位分别需要投入几人及对应的工作用时，得到工作量与接待人数的关联，即不同接待量区间所需的各岗位厨师人数。例如当A餐厅需要接待100～200人进行自助餐时，需要炒锅3人，面点3人，冷菜3人，切配2人。其次通过对餐饮部每月及每日接待量历史数据的分析，以"二八原则"为基准，确定接待量的基准值。以A餐厅为例，80%以上的情况接待量都集中在220～300人之间，因此以200～300人作为接待量的基准值区间。最后通过开展工作饱和度分析，对各岗位厨师在接待不同人数时的工作内容、频次、用时进行调研，计算工作饱和度，以此对餐厅在接待量的基准值区间实际配备的各岗位厨师人数的合理性进行分析，来综合确定人员的定编数量。而在少数接待量较大的情况下，如果是一个或两个餐厅接待量大，则通过内部合理的人员调配，集中优势力量、互相支持来解决；如果三个餐厅接待量均较大，则基于对各部门岗位工作量的数据分析，通过酒店内部的合理分工，以餐饮部为主、其他部门为辅的方式优先解决突增的工作量，从而保障酒店的正常经营。

（2）服务员岗位。对服务员岗位的定编采用行业数据结合实际工作量的综合定编方法。不同的接待量是影响服务员岗位定编的主要因素，接待量对服务员岗位的直接影响为客人用餐的桌数。首先，在自助餐的情况下，结合行业数据，1名服务员能够负责2个圆桌共计20人用餐，包括撤盘、提供各类服务等，结合对该酒店餐饮部服务员的工作情况分析，服务员的配置数量符合行业数据。其次，利用餐饮部每月及每日接待量历史数据的分析，找到用餐桌数的计算基准值。再次，将行业数据与用餐桌数的计算基准值结合，得到理论上应配备的服务员数量。最后，对服务员在岗位的工作饱和度进行计算。服务员除用餐服务外，还负责巡台、上菜等工作，在对所有工作的用时及频次进行计算后，得出实际工作饱和度，并与理论定编人数进行综合分析，确定实际的定编人数。

3. 利用定编数据支持不同客流量下的人员安排

由于目前各餐厅之间的客流量不同，存在忙闲不均的现象，因此通过工作饱和度数据以及定编人数计算过程中的有效信息，指导未来各餐厅的人员排班和配置，减少管理者的人员综合排班压力。结合不同接待量区间的人员工作饱和度及最终定编结果，可分别计算出在无接待、满负荷接待等不同接待量下应配置的实际人数，实现精准的人员安排，确保各岗位的工作饱和度均较为饱满，实现人力资源的最大化利用。

【点评】

在酒店行业，合理的定岗定编能够为企业降低人工成本，为实现效益增值带来显著效果。通过对员工工作量的计算，明确工作时间标准，计算出各岗位的工作饱和度，对各岗位的工作情况进行量化，为企业的人员配置提供了科学的依据。同时，通过对工作量计算结果的应用，结合对每日部门整体接待量、工作量的分析，指导每日的排班工作，从而既实现了人员的综合利用、提高排班的准确性，又能够通过减少加班和不合理的排班来降低人力成本。

四、编制岗位说明书

岗位说明书的编制，是对工作分析的结果进行整合以形成具有企业法规效果的正式文本的过程。岗位说明书不存在标准格式，所以每个企业的岗位说明及其内容都不相同，但是都应说明清楚所执行的工作、职务的目的和范围、员工为什么做工作及如何工作。

岗位说明书一般分为表2-3所示几大部分。

表2-3 岗位说明书的组成部分

序号	组成部分	具体说明
1	基本概况	（1）岗位名称：指的是任职职位的称谓，名称要反映工作岗位的性质、突出岗位的职能，如招聘专员等 （2）岗位的序号：一般由企业人力资源部统一规定 （3）所在部门：指本岗位隶属的部门名称 （4）直接上级：指所描述职位的直接主管岗位的名称，一般一个岗位只有一个直接上级岗位 （5）直接下级：指所描述岗位直接领导的下属岗位名称 （6）薪酬等级：指根据岗位评价的结果，按照企业的管理制度确认的薪酬级别
2	工作综述	工作综述是指对本岗位职能进行综合、概括性的描述，一般用一句话，采用"三段论"的方式来描述，即"依据/按照……，做……（行动），达成……结果"
3	岗位职责	岗位职责包括工作项目、具体职责、工作权重、绩效指标四个部分 （1）工作项目：包括岗位关键业务工作职责和岗位基础工作职责。关键业务工作职责指为发挥本岗位职能必须承担的具体业务学习情境的工作职责；岗位基础工作职责指各部门为完善本岗位的职能建设所承担的共性工作 （2）具体职责：指对工作项目的具体内容进行描述，一般也采用"三段论"的格式 （3）工作权重：指本项工作的工作量占本职位工作总量的比例，一般情况下可以用时间比例来代替，所有工作的总权重为100% （4）绩效指标：指衡量本项工作完成情况的指标及标准，主要从时间、数量、质量和成本等方面来设置

续表

序号	组成部分	具体说明
4	工作协作关系	工作协作关系包括对内和对外两部分 （1）对内主要指与直接上级或平级部门、岗位之间的协作关系，一般填写最常联系的3～5个部门或岗位 （2）对外主要从上级单位，政府有关部门，客户及中介组织等方面来描述
5	任职资格	任职资格的内容包括教育程度、专业（工种）、工作经验、知识要求、上岗证/资格证，对身体健康要求和专业技能等。本栏必须全部填写。专业技能主要从招聘的角度出发，根据职位工作的需要，并从工作性质和工作内容来判断其需求程度的级别
6	其他	包含工作环境、工作时间和使用的主要工具设备。工作环境指本职位工作面临的实际工作环境，如岗位是否面临噪声、粉尘、有毒气体、高温等因素带来生命安全、职业病等危害的威胁；工作时间是指本岗位工作的时间规律性；使用的主要工具设备指完成岗位职责所需要使用的工具或设备

表2-4所示提供一个模板供参考。

表2-4 岗位说明书

岗位名称		所在部门		岗位定员数	
岗位序号		部门序号		薪酬等级	
直接上级			直接下级		
工作综述					
岗位职责					
序号	工作项目	具体职责	工作权重/%	绩效指标	
1					
2					
3					
4					
…					
工作协作关系	内部				
	外部				

续表

	任职资格项目	要求						
任职资格	教育程度							
	专业（工种）							
	工作经验							
	知识要求							
	上岗证/资格证							
	对身体健康要求							
	专业技能	技能						
		级别						
	需求程度的级别：1.无要求；2.一般；3.较强；4.强；5.很强							
其他	工作环境							
	工作时间							
	使用的主要工具设备							
述职签字	任职人		任职人上级		人力资源部			

第三章
有效招聘,降本溯源

第一节
有效招聘的认知

一、有效招聘的作用

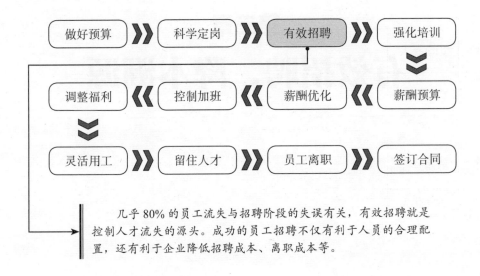

几乎80%的员工流失与招聘阶段的失误有关,有效招聘就是控制人才流失的源头。成功的员工招聘不仅有利于人员的合理配置,还有利于企业降低招聘成本、离职成本等。

二、有效招聘的特点

有效的招聘实际是指组织或招聘者在适宜的时间范围内采取适宜的方式实现人、职位、组织三者的最佳匹配,以达到因事任人、人尽其才、才尽其用的互赢目标。它主要体现在图3-1所示的五个方面。

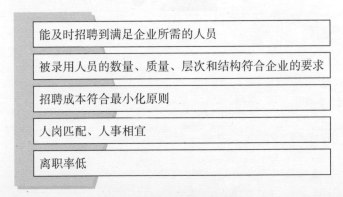

图3-1 有效招聘的特点

> **小提示**
> 能否招聘到合适的人员，不仅关系到企业后备人才的储备，而且影响到企业的稳定运行。

三、有效招聘的原则

有效招聘的原则如表 3-1 所示。

表 3-1 有效招聘的原则

序号	原则	具体说明
1	因事择人	员工的选聘应以实际工作的需要和岗位的空缺情况为出发点，根据岗位对任职者的资格要求选用人员
2	公开	公示招聘信息、招聘方法，既可将招聘工作置于公开监督之下，防止以权谋私、假公济私的现象，又能吸引大量的应聘者
3	公平公正	确保招聘制度给予合格应聘者平等的获选机会
4	竞争择优	在员工招聘中引入竞争机制，在对应聘者的思想素质、道德品质、业务能力等方面进行全面考察的基础上，按照考查的成绩择优选拔录用员工
5	效率优先	用尽可能低的招聘成本录用到合适的最佳人选

第二节 有效招聘的实施

一、明确招聘需求

招聘需求是招聘工作的核心，HR 所做的招聘工作均服务于招聘需求，而招聘需求常常来源于各个用人部门，因为招聘需求与实施部门的不统一，招聘工作可能会产生各样的问题，想要避免这些矛盾或问题的产生则需要提前进行招聘需求的分析。而想要做好招聘需求分析，就应了解图 3-2 所示的四个步骤。

图 3-2 招聘需求分析的步骤

1. 确认收集用人需求

当 HR 接收到一份招聘需求时,需要明确招聘需求的对象、信息等内容,HR 可以收集同行业岗位信息进行分析,但是通常来说,HR 在招聘需求较多时并没有那么多的时间与精力来对每个岗位进行具体的分析。所以 HR 可从用人部门收集信息,因为用人部门对岗位需求的了解才更加全面准确。

另外,HR 还需要注意内外部环境的变化,可能之前的岗位内容已经不适合现阶段的需求。

2. 整理并提炼岗位需求

HR 通过从用人部门收集的招聘需求,结合岗位说明书、组织结构、团队结构、用人机制等资料,再借助直接观察、任职者访谈、问卷调查等方法,来整理提炼出有效的岗位信息。岗位信息主要包括表 3-2 所示的四个方面。

表 3-2 岗位信息的主要内容

序号	内容	具体说明
1	岗位职责	包括岗位的关键目标、岗位对员工的行为要求;这些要求哪些是对员工的?哪些是对工作的
2	工作环境	包括岗位的工作环境是什么样的?是否要求承担较大的工作压力?工作节奏如何?岗位在公司的地位如何?所在团队氛围如何
3	企业文化	包括企业的核心价值观、企业倡导的精神风貌、企业希望员工展现的工作风格等
4	公司发展	公司未来的重点业务方向是什么?会不会有变化?在可预见的未来,企业的业务发展对员工的要求将会发生哪些变化

3. 选择招聘的有效要素

通过对招聘岗位信息的整理和提炼,完全可以形成企业的招聘需求。但这种需求是一种理想状态,企业需要的不是"完美"的人,而是最适合的人。所以,HR 还应考虑企业的实际需求,具体内容如表 3-3 所示。

表 3-3 企业实际需求的主要内容

序号	内容	具体说明
1	培养成本	某项技能在短期内培养的难易程度。易于培养的,可复制性强,易模仿,可以作为选拔的次要标准或不予考虑;反之,重点考察
2	人群区分度	某项技能在应聘者群体中的差异大小。差异很小则很难区分优秀者和一般者,可以作为选拔的次要标准或不予考虑;反之,重点考察

续表

序号	内容	具体说明
3	环境约束度	某项素质因环境因素对职责发挥的影响程度。约束度高的，导致主观能动性降低，可以作为选拔的次要标准或不予考虑；反之，重点考察
4	可衡量度	某项素质能用现有方式进行衡量的程度。不能或不易衡量的，很难说清谁好谁坏，可以作为选拔的次要标准或不予考虑；反之，重点考察

4. 呈现招聘需求分析的结果

完成招聘需求分析后，如何完整地呈现招聘需求，对于 HR 来说也是一种艺术。完整的招聘需求分析结果一般包括表 3-4 所示的内容。

表 3-4 招聘需求分析结果的主要内容

序号	内容	具体说明
1	岗位基本信息	包括岗位名称、在团队中的位置、招聘人数、到岗时间等
2	岗位职责要求	为了胜任岗位职责，要求任职者所具备的知识、技能、经验等基本素质
3	岗位业绩要求	员工在本岗位需要完成的工作目标、取得的关键业绩、做出的关键行为等

二、选择招聘渠道

招聘渠道，是组织招聘行为的辅助之一。HR 在选择招聘渠道的时候，要综合考虑招聘成本、招聘时限要求以及招聘职位要求来确定。

1. 选择招聘渠道应考虑的因素

HR 在选择招聘渠道时应考虑如图 3-3 所示的因素。

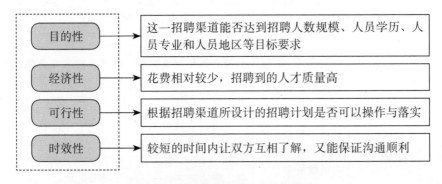

图 3-3 选择招聘渠道应考虑的因素

企业需要根据其发展阶段、招聘职位特点以及各类招聘渠道的优势和劣势，对招聘渠道进行择优使用与合理搭配组合。

2. 招聘渠道的分类

目前，企业常用的招聘渠道有网络招聘、校园招聘、人才市场招聘、猎头公司招聘、人才招聘服务、员工推荐、企业内部招聘（晋升、调岗）等，如表3-5所示。

表3-5 常用的招聘渠道

渠道类别		优势	劣势	运用建议
网络招聘	企业官方网站、微信公众号	无费用成本	浏览量低	可以与员工推荐结合，让员工多在朋友圈、微信群等转发
	招聘网站	（1）可随时发布招聘信息（2）发布后管理方便（3）推广受众面广（4）周期长、简历数量大（5）费用成本较低	（1）需要专门负责（2）筛选简历工作量大（3）面试率较低（4）岗位针对性不强	对于一般招聘来说，此方式可以作为首选，但是不太适合高端人才的招聘
	QQ群、微信群等	人群针对性强，社交沟通功能强	需要拥有很多社群，资源信度不高	可以作为辅助的招聘方式，但大量的急需要人的岗位不太合适
校园招聘	学校信息栏海报	成本较低	层次低，需要学校审批	如果岗位不着急到岗，在9月到次年7月之间可以辅助招聘、宣传公司
	学校组织招聘会	基本无成本	现场企业较多，对比性强，知名企业、大企业更占优势	多关注校招，与校方就业部门保持联系，可以参加
	校企专场	人数有保证，针对性强，也能提高企业知名度	花费时间、精力和金钱成本相对大，对知名企业、大企业批量招聘更适用	如果是批量招聘建议可用，最好在校方准备招聘会前期举行，需要做好企业宣传的准备工作
人才市场招聘	大型/专场	效率较高，能有效控场，应聘人员数量多	人力和金钱成本较高，有效周期短，受主办方组织能力影响，质量参差不齐	适用于一般型人才的招聘，适合大批量人才的招聘。如果是个别人员的招聘，不建议运用此方式

续表

渠道类别		优势	劣势	运用建议
猎头公司招聘	地猎/网猎	针对性强，可以保证人才质量	费用成本高，周期可能长	适用于中高层管理人才，以及难招的岗位和稀缺人才的招聘，建议固定合作一家，有利于对企业更了解，可以招到更合适的人
人才招聘服务	第三方	针对性强，可以保证人才质量，成本低	时间无法保证，匹配度难以把控	无专门招聘人员的中小企业适合用，省时省力省钱
员工推荐	自己推荐/熟人推荐	招聘成本低，效果好，针对性强	受众面窄，容易形成内部裙带关系	适合中小企业中一些专业度较高的岗位，适当给予一些推荐奖金。建议让优秀的员工推荐，毕竟"人以群分"
企业内部招聘	内部晋升、调岗	成本低，工作上手快，有利于激励员工，留人	容易形成帮派，不利于氛围建立	适合专业性程度低的岗位和人员晋升，建议根据实际情况合理运用，调岗注意可操作性

三、明确选才标准

选才标准是企业对岗位所需特定素质和行为特征的规范化要求，是对求职人员进行素质和行为测量并评价其对岗位适应性的依据。

1. 确定招聘标准的重要性

如果选拔人才没有标准，或者标准不清晰、不统一，会造成图3-4所示的两个问题。

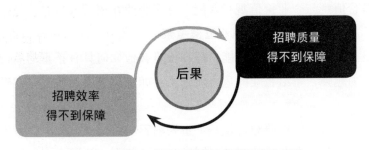

图 3-4 选拔人才无标准或标准不清晰的后果

（1）招聘效率得不到保障。很多管理者（尤其是中小企业管理者）总想着"花小钱办大事"，招个"全面手"，解决自己解决不了的难题，但是薪酬要低，这样的选才标准和想法很显然是不合理的。更有甚者就连招聘岗位的名称和工作标准都说不清楚。因为他不知道什么样的人是合适的，什么样的人是不合适的，这会浪费许多时间和精力。

（2）招聘质量得不到保障。因为选才没有标准，所以招聘质量难以得到保障，辛辛苦苦招来的员工，能力素质达不到岗位要求或者说管理者提出的标准和实际岗位要求根本没有关系，导致用人部门不满意等。因此，构建清晰、准确的人才标准是提高招聘效率和质量的前提条件。有效的人才标准应能准确地反映岗位的要求，同时能够帮助正确筛选出合格的应聘者。

2. 人员招聘的基本标准

人员标准有基本标准和关键标准两大类。基本标准是确定人员能不能干这项工作，而关键标准是确定人员能不能干好这项工作。两者相互补充，层层递进。制定好这两个标准，企业才能"按锁配钥匙"，找到符合要求的人员，招聘才会成功。

人员的基本标准是指他能胜任应聘职位的最基本要求，它主要从图3-5所示的三个方面来定义。只有人员的三个匹配度都符合企业的要求，他才有可能适应企业的工作。

图3-5 人员招聘的三个基本标准

（1）人员价值观与企业价值观相匹配。许多企业在招聘人员时，往往强调工作经验和技能，而往往忽略了对人的职业道德考察。常言道"江山易改，本性难移"，企业很容易让员工掌握工作经验和技能，但却很难教他如何具有正直的品行。而品德不佳的人员，能力越强，带给企业的危害就越大。如携款潜逃、泄露企业机密、挖企业墙脚。

另外，了解应聘者的价值观也是一个重要内容。价值观支配个体行为，员工对企业忠诚度的高低与其对企业价值观的认同度有密切关系。认同企业价值观的员工能够与企业文化更好地融合，提高组织绩效。所以，向应聘人员开诚布公地讲明本企业的优劣势、提倡什么、反对什么，企业文化的特点，让应聘者权衡选择，这样企业虽然有可能失去一些优秀人员，但更能增加员工的稳定性。

（2）人员技能与岗位职责相匹配。人员技能与岗位职责匹配，主要是讲胜任岗位要求，人才需要具备哪些基本技能，包括学历、专业、经验等，具备这些技能，是做好一项工作的前提。要了解这些，对企业来说，就需要进行工作分析，明确岗位职责，把招聘职位的工作内容、特点和对人员的技能要求等编制成职位说明书，让应聘者知道岗位的任职条件，来后要干什么。这样做，也能让企业的招聘者做到心中有数。

现在有一些企业招聘时，由于没有明确的岗位职责和任职要求，往往被应聘者优秀的个人条件所吸引，引进人员时存在盲目"高消费"现象，甚至内勤、前台人员都非本科不要。尤其是随着就业压力趋紧，许多企业对人才更是挑肥拣瘦，大材小用的事非常普遍，部分高学历人才甚至还被当成装潢门面的"花瓶"，派不上实际用场。这样不仅造成人员的浪费，还为以后的人员流失埋下了隐患。

（3）人员个性与岗位特点相匹配。人员个性也是招聘中要考虑的重要因素。随着现在专业化分工越来越细，团队合作越来越重要，如果人员是以自我为中心、合作能力不强，就不适合在团队中工作。另外就是要注意人员与团队的互补性，通常团队成员个性都很强，这就要善于协调的员工在其中发挥作用，以使死气沉沉的团队活跃气氛。因此，分析团队的特点，招聘合作性和互补性强的新员工，团队才能产生"1+1>2"的效果。

当然，团队精神在绝大多数场合应该提倡，个性独立的人也不能随意淘汰，对企业的企管、质检等岗位来说，坚持原则的人员更有用武之地。而设计策划部门，特立独行的人有可能随时冒出创造的火花。因此，招聘前一定要清楚把新人员放在哪个位置，该岗位对人员个性等有哪些要求，还要考虑新人员的职业取向以及可能的升迁位置等，这样招来的员工才能"对号入座"，发挥自身的价值。

3. 人员招聘的关键标准

按照同样标准选来的人员，他们的实际绩效可能相差甚远，经验表明，会干与干好并不一定画等号。导致人员绩效差异的还有很多非技能方面的因素，如系统思考能力、决策能力、激励能力、人际交往、自我控制等。这些因素就是岗位关键胜任能力，它决定了人员能不能出色地完成某项工作。

（1）发掘人员的潜能。通过与任职者及其关联职位访谈，对该职位典型的成功和失败事例进行分析，再加上经验积累和同行参考等，就能了解该岗位的关键胜任特性。同时，对职位胜任特性进行定义分级、明确界定。这样依据胜任特性选人员，可以有效避免人员学历、资历、名气对选拔者的影响，更容易发现人员的潜能。

比如，办公室主任由于经常接待客人、协调各类关系、处理突发事件等，因此，沟通能力、组织协调、责任心就成了他的关键胜任能力。对设计人员来说，技术水平、逻辑思维能力、创新能力就成了他的关键胜任能力。

（2）权重设计上突出最重要的胜任力。对一个职位来说，各项胜任力的重要性往往不同，因此对各项胜任力设定一定的权重会使选拔的结果更为合理。

比如，对办公室主任来说，组织协调能力、沟通能力、灵活性是最重要的，因此它们的权重可以加大，而冲突管理、团队合作相对不如前者高，权重可适当减少。

只有对各项胜任力设定不同的权重，才能保证人员是在最重要的胜任力上表现最优秀的人。

（3）通过多种方法选人才。确定人员标准后，就需要按照标准来甄选。现在许多企业还基本上靠简单的面试和主观印象来取人，这样很难辨别出真正需要的人才。而依靠专业的测评工具全面衡量人才，是跨国公司和一些大型企业普遍采用的方法。

比如，专业笔试、半结构化面试、性格测试、情景模拟等，把人员品质、能力等辨别方式巧妙地融合在各种测试工具中，从多个角度验证人员的素质能力，同时通过背景调查、试用期考察来佐证。

四、认真筛选简历

对于应聘者简历筛选的目的在于快速判断合适人选，缩短招聘时间，减少招聘环节，降低招聘成本，提高招聘效率。

1. 简历筛选的标准

对于筛选简历来说，如果没有标准，那就要靠 HR 的个人经验来判断，这样可能会存在主观的因素，并给评估简历留下一些漏洞。因此，在做简历筛选之前，HR 必须要了解，要评估一位候选人是否值得被邀约过来面试，其中筛选的标准有哪些。

常见的做法是将简历筛选的标准分为表 3-6 所示的四种类型。

表 3-6　简历筛选的标准

评估项目	加分标准	通过标准	待定标准	排除标准
简历格式	内容翔实，逻辑通顺，重点突出，自我评价具体，职责和贡献描述完整	内容翔实，条理清晰	简历描述太过简单，需要更新	逻辑混乱，语言不通，错别字满篇
求职意向	有明确的求职意向，工资期望符合公司要求	有明确的求职意向	有明确的求职意向，工资期望超过公司规定的范围很多	没有明确的求职意向，工资期望超过公司规定的范围很多
工作经验	符合职位要求	符合职位要求	经验偏少但其经验与本职位相关性强，则可加以培养	与岗位要求差别较大

续表

评估项目	加分标准	通过标准	待定标准	排除标准
行业背景	同一行业连续性背景2年以上	2年同行业背景	1年同行业背景	无相关行业背景
产品/项目背景	具有竞争对手产品及项目经验	产品经验相关度60%	有少量相关产品经验	无相关产品经验
工作连续性、稳定性	工作经历完整,无空档期,工作稳定性高,能在一家公司工作3年以上,基本不怎么跳槽	工作经历完整,无空档期,能在一家公司工作2年以上	有空档期,但是解释合理,稳定性还可以	频繁跳槽,单位平均司龄小于1年
教育背景	全日制本科及以上	全日制大专院校及非全日制本科	中专、高院校	初中以下
专业	完全符合职位要求	从属大类符合要求	不符合要求,但综合素质优异	完全不相关专业
技能描述	80%以上符合职位要求	60%符合职位要求	与职位要求略有相关	与职位要求不相关

注：1. 符合加分标准，说明这份简历是一份非常优秀的简历，这个首选人是值得重点关注和邀约的。

2. 符合通过标准，说明这份简历是一份合格的简历，符合岗位的各方面的要求，也可以被邀约过来面试。

3. 符合待定标准，说明这份简历体现出来的内容存在很多瑕疵，在候选人充足的情况下，一般不考虑这样非简历，如果候选人不足，则可以约过来面试一下。

4. 符合排除标准，说明这份简历完全不符合岗位要求，可以把这份简历放进排除库。

2. 通过简历获得有效信息

企业或 HR 通过第一次了解应聘者，而筛选简历也是对应聘者的第一次过滤。HR 如何从简历中获得有效信息，一方面要辨别简历中的虚假信息；另一方面要对重点内容在接下来的面试中进行确认，并使面试更有针对性，主要依赖于对应聘者简历的解读。

一般来说，应聘者简历主要分成图 3-6 所示的几个部分。

图 3-6　应聘者简历的组成

（1）年龄。和应聘的岗位所要求的经验相比，年龄是一个重要的参照。可以把应聘者的年龄与其工作经验进行比较，就可以看出应聘者所列出的经验的真伪。一般来说，应聘者不会虚报年龄，而会在经验上造假。

如果应聘者年龄较大，那就需要在更换工作的原因上进行分析。还要考虑年龄较大的应聘者是否还可能踏实地从基层做起，这也是一个问题。

（2）学历。"真的假文凭"和"假的真文凭"是学历上的大问题，同时一些海外大学文凭也日益增加，因此 HR 有必要通过各种渠道查询学历的真伪。

有的应聘者还有第一学历和后学历之分，对于后学历，要看应聘者是何时开始、何时获得的，这可以看出应聘者的学习能力和接受挑战的心态。

和学历相关的是专业，一般岗位说明书中都对专业做了规定。如果应聘者具有多个学历，那么对其不同学习阶段专业的分析可以判断出其知识的系统性和广度性，还可以从不同专业的相关性中获得其个人规划的能力。

（3）住址。如果应聘者是跨城市应聘的，尤其是针对一些年龄较大的应聘者，要考察他们的动机是什么，因为他们将面临非常现实的一些问题，比如生活成本增加、生活环境变化等问题，这些都将影响其进入企业后的工作状态。

（4）工作经验。工作经验是简历分析中的重点。

① 工作变换的频繁程度。一方面说明应聘者经历丰富；另一方面也可能说明应聘者工作稳定性较差。

② 若应聘者换工作非常频繁，那么他们每次换工作的原因是需要分析的。当然频繁换工作也并非绝对存在问题，关键是为什么换工作。

③ 如果每项工作相关性不大，而且工作时间不长，那么就需要高度注意了。

④ 工作是否有间断，间断期间在做什么。

⑤ 目前是否在工作，这关系到应聘者劳动关系的问题，也关系到应聘者何时能到职，当然为什么离职也是很重要的。

⑥ 要对应聘者整个工作经历轨迹进行把握，应聘者是否比较深入系统地从事过某一项工作。

⑦ 要对应聘者每个阶段所负责的主要内容和业绩进行审查。

⑧ 应聘者的经验与岗位要求是否匹配，如果已经达到一个相对较高的职位，而来应聘较低的职位，动机是什么？

> **小提示**
>
> 读透应聘简历，最主要的原则就是对各项内容进行交叉分析，这样就能获得应聘者更完整和全面的信息，发现其中的亮点和疑点。对于亮点和疑点，都不是最终判断，还必须通过进一步的甄选进行确认。

五、把好面试关

面试是最为常用的人才甄选工具之一，并行之有效。一个合格的面试官能够帮助企业快速招到有用的人才，那么如何才能成为一个合格的面试官，为企业把好面试关呢？具体要求如图 3-7 所示。

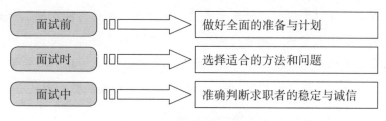

图 3-7 把好面试关的要求

1. 面试前：做好全面的准备与计划

第一，面试官要了解招聘职位对应聘者能力的需求，参照招聘岗位的岗位说明书来做出需求判断，主要包括客观要素如学历、工作经历等，以及主观要素如个人能力素质等，以便在面试过程中有针对性地开展询问证实。

第二，面试官要通过简历了解面试对象，通过对应聘者简历的了解，与岗位需求匹配程度，并对应聘者在简历描述或需求进一步深挖求证的地方做好备注，在面试过程中进行求证判断。

第三，结合岗位情况，计划选择具体面试形式，如采用非结构化面试、结构化面试、半结构化面试等，以及多对一或多对多的团体面试，针对其他能力素质考核采用评价中心等具体面试模式等。

第四，设计面试题目，以考察了解应聘者个人素质，如沟通能力、目标导向、个人职业追求、价值观等。

第五，在面试结束后的录用环节计划，对如薪资、报到时间等方面予以明确。

2. 面试时：选择适合的方法和问题

在面试过程中采用频次比较多的有结构化面试、半结构化面试、非结构化面试、评价中心等方法。

在实践操作中，并不是仅选一种方式方法来面试应聘者，一般情况下采用非结构化面试和半结构化面试相对多一些，在涉及关键管理岗位时会采取评价中心等方法。非结构化面试相对比较灵活，比如考察应聘者的组织协调能力，可从他过往经历过程中担任的职务、组织过的活动以及在活动中扮演的角色等正面引导提问，也可以选择一些判断性的观点让其来选择，来验证其是否具备相应的组织协调能力等。

面试中，一般会问到的问题主要包括：应聘者的主要成长经历，工作经历及主要成绩，择业动机等。另外，对应聘者的主要成长经历也要进行了解，目的是考察其价值观。

比如，制造行业尤其是传统制造业，对所处的环境、劳动强度、员工稳定性等都有较高要求，工作环境、劳动强度、地域等方面相对于其他行业等要差一些，如何招得来、留得住、用得好，这就必须要考虑应聘者的成长经历和择业动机。如果招聘的是应届大学生，应重点考察应聘者的成长经历，更多关注员工家庭出生地、家庭人员情况以及在学校中的总体表现，尽可能选择学习刻苦、家庭境遇一般的学生，这样选择一方面能够保证较大程度的稳定；另一方面员工能够踏实扎根于制造业的工作环境。

3. 面试中：准确判断求职者的稳定与诚信

求职者的稳定性是面试过程中重点考察点之一，实践操作中主要从应聘者价值观与企业倡导价值观契合度、应聘者对所应聘岗位的重视程度、应聘者从事这份工作欲望与决心、应聘者成长环境与家庭背景等方面来考察。

另外，面试官一定要学会识别求职者是否说谎。在这方面，主要采用的方法有，在面试过程中对同一个问题从不同侧面来证实、通过关联性事项来对比分析、通过客观资料与实际表达对比分析以及观察应聘者在回答问题时的表情等方式方法来识别。

相关链接

常见的面试方法

一、结构化面试法

结构化面试法是相对非结构化面试而言的，是指企业在基于对岗位胜任力分析的基础上设定标准固定的面试方式，包括固定的提问问题和评分标准等。任何人来面试时，所有面试官都用这套标准去检测，这就是结构化面试。结构化面试的重点和难点是对岗位任职资格及所需胜任力的准确理解和把握，以及考察这些能力的问题设计，这需要一定的经验积累和对岗位的深刻理解和总结。

常见的结构化面试可分为情景面试和行为描述面试。

1. 情景面试

情景面试是采用情景模拟技术，通过给定某种工作情景，要求应聘者迅速做出反应；从求职者对假设情景的设想、联想、假设和分析，来捕捉其某些能力或其他个性特征。情景面试的依据是目标设置理论，认为意图和设想是对未来行为的有效预测指标。

根据设定的工作情景的不同，常见的情景面试大致有下表所示的几种。

情景面试的种类

序号	面试情形	具体说明
1	无领导小组讨论	无领导小组讨论是指运用松散型群体讨论方式,快速诱发人的特定行为,并通过对这些行为的定性描述、定量分析以及人际比较来判断被评价者特征的人才测评方法。通常是指定几名被试者为一组,就某一个给定问题进行讨论。讨论的主题往往呈中性,没有绝对的对错,易于被试者展开讨论,有自由发挥的余地,充分展示自己的才华和素质能力。评价者则在一旁对被试者的行为表现进行观察评价 整个讨论过程可以检测应试者的口头表达能力、组织协调能力、情绪稳定性、处理人际关系的技巧等,是一个不可多得的对应试者的能力素质进行立体观察的窗口 最后,还可根据情况要求应试者写一份讨论记录,以分析其表达能力、归纳能力和综合分析决策能力等
2	公文处理	公文处理的典型表现形式是文件筐测验,也称公文框测验,它根据被试者在规定的时间内对一系列的公文材料的处理情况来考察被试者的计划、组织、预测、决策和沟通能力。它是对实际工作中管理人员掌握和分析资料,处理各种信息,以及做出决策的工作活动的一种抽象和集中 文件筐测验是一种在静态环境下,对应试者多方面的素质能力进行的测评。它具有高仿真性,尤其适合于测试被试者的敏感性、工作主动性、独立性、组织与规划能力、合作精神、控制能力、分析能力、判断能力和决策能力等 由于文件筐测验的试题设计、实施、评分都需要较长的研究与筛选,必须投入相当大的人力、物力和财力才能保证较高的表面效度,因此花费的精力和费用都比较高,往往多用于中高层管理人员的选拔
3	角色扮演	角色扮演是设计一种接近"真实"的工作情境,给被试者一个指定的管理角色,要求测评对象进入角色情境中去处理各种问题和矛盾,从而评价其沟通能力和人际技能。角色扮演中给定的角色往往处于一系列人际矛盾和冲突当中,被试者能够真实地体验不同角色的心理感受。在这种特定角色和心理活动的条件下,能够较为真实地"激发"被试者的最直观的行为,从而对其人际沟通技能进行评定
4	即兴演讲	即兴演讲往往是给定被试者一个主题,让其稍作准备,进行即席发言。它主要测评的是被试者的语言表达能力,同时还能够对其思维的敏捷性、明晰性和准确性以及临场的应变能力进行考察。一般来说,往往会根据职位的性质和要求来确定面试中是否有即兴演讲部分存在的必要

2.行为描述面试

行为描述面试简称 BD(Behavior Description)面试,它采用的面试问题都是基于关键胜任特征(或称胜任力,以下同)的行为性问题。

一般来说,面试官通过行为描述面试要了解两方面的信息。一是应聘者过去的工作经历,判断他选择本企业发展的原因,预测他未来在本组织中发展所采取的行为模式;二是了解他对特定行为所采取的行为模式,并将其行为模式与空缺岗位所期望的行为模式进行比较分析。

在进行行为描述面试时，面试考官应把握住4个关键的要素。

4个关键的要素

序号	要素	说明
1	情境（Situation）	即应聘者经历过的特定工作情境或任务
2	目标（Target）	即应聘者在这情境当中所要达到的目标
3	行动（Action）	即应聘者为达到该目标所采取的行动
4	结果（Result）	即该行动的结果，包括积极的和消极的结果，生产性的和非生产性的结果

行为描述面试可以从以下几个方面来进行。

（1）收集过去行为的事例，判断行为答复。要了解应聘者是否能真的像他们所描述的那样去做，最好的方法就是收集过去行为的一些事例。应聘者曾经做过的一些事例要比他们告诉你“经常做、总是做、能够做、将会做、可能做或应该做”更为重要。通常应聘者给出的非行为性（理论性）的回答频率偏高，他们给出的观点，往往并不一定是他们真正曾经做过的事例。面试官应综合应聘者实际描述的和曾经做过的事例来做出正确的判断。

（2）提出行为性的问题。通常，行为性问题的提出带有这样的语气，如：“请谈谈你在……时遇到的情况，你是怎样处理的”“你是否遇到过……的情形？请谈谈其中一例。”

以下用表格的形式来区分在面试实际过程中行为性提问、理论性提问、引导性提问的不同之处。

行为性提问、理论性提问、引导性提问的不同之处

能力		行为性问题举例	理论性问题举例	引导性问题举例 解决问题的能力
适应能力	请讲一个你最近在工作中遇到的问题（质量问题、设备问题、工艺问题）你是怎样解决的	你怎样解决生产过程中出现的问题	你能解决质量出现的问题吗	请讲一个你必须按照不断变化的要求进行调整的事例。当时的情况怎样？结果又怎样
销售能力	如果你必须按照不断变化的要求调整计划，你会感觉怎样	如果在短短的时间内换了多个工作岗位，你会介意吗	请描述一个在过去一年中你做的最大一笔订单的情况，你是怎样完成的	为什么你认为你可以做销售这一行
团队协调能力	你能接受我们给你订出的销售目标的挑战吗	作为一名主管，你如何处理棘手的员工事例	你如何对付难以管理的职员	你擅长解决矛盾或冲突吗

（3）利用标准化的评定尺度。在采用行为描述面试法时，各个面试官可能会用不同的行为标准对求职者进行评定，为了保证评定结果的信度和效度，进行面试前必须制定一个标准的评定尺度。下表以适应能力评定等级标准为例加以说明，在此用5分制的打分方法。

适应能力评定等级标准举例

1分	2分	3分	4分	5分
对工作变动几乎无适应能力，工作表现差	不喜欢工作变动，工作表现不差	尽量适应工作变动，工作表现进步	可以接受工作变动，及时补充新知识，工作表现积极主动	非常喜欢挑战性工作；能迅速适应新环境，能举例说明自己过去成功适应工作的历史

二、非结构化面试

非结构化面试就是没有既定的模式、框架和程序，主考官可以"随意"向被测者提出问题，而对被测者来说也无固定答题标准的面试形式。主考官提问问题的内容和顺序都取决于其本身的兴趣和现场应试者的回答。这种人才测评方法给谈话双方充分的自由，主考官可以针对被测者的特点进行有区别的提问。

这种面试人才测评方法简单易行，不拘场合、时间、内容，简单灵活，应聘者防御心理比较弱，了解的内容比较直接，可以有重点地收取更多的信息，反馈迅速。但非结构化面试本身也存在一定的局限，它易受主考官主观因素的影响，缺少一致的判断标准，面试结果常常无法量化以及无法同其他被测者的评价结果进行横向比较等。

一般来说，现在的企业大都采用结构化和非结构化相结合的方式，为企业的人力资源的多方位开发和管理形成良性循环。

六、进行人才测评

随着社会发展，工作本身对人的素质和心理适应性的要求越来越高。过去那种仅凭个人经验的选拔方法已经无法对人才素质进行准确评估，而现代人才测评可以客观地评定人才的综合素质和能力，成了企业人力资源管理的必要工具之一，在人才招聘、选拔、定岗、考核等领域发挥着重要作用。许多企业开始借助人才测评推动招聘工作的专业化，提高招聘效率。

1.通过人才测评做好人岗匹配

很多企业在招聘时，感觉招聘不到优秀的人，招聘不到有能力的人。当问到怎么才算优秀人才时，又不能明确地说出优秀的标准是什么？能力水平的标准是什么？其实选人和用人无非弄清楚以下两个问题。

（1）我们企业想要什么，候选人有没有我们想要的？

（2）候选人想要什么，我们企业有没有候选人想要的？

人才市场上人多得是，HR只要把上面两个问题描绘清楚，画出你想要的人才画像，去市场上找相应的人，找到后放到对应的岗位上，让他们做擅长的事，这样的人就是优秀的人。要想画出人才画像，一般可以从素质、知识、能力和经验四个维度进行考虑。四个维度的具体内容和在测评中体现的特征参考如表3-7所示。

表3-7 人才画像四维度在测评中的体现

维度	内容	特征	权重/%
素质	一般指由自身特质决定的，根深蒂固、不容易改变的，比如性格、智商、人格、自我定位、人生观、价值观、忠诚度等	能不能做	50以上
知识	专业知识、岗位知识、学业情况、学历、培训经历、资格证书情况	知不知道怎么做	
能力	指一定知识基础上，完成目标和任务的可能性。一般分为核心能力（沟通、组织、协调等）和专业能力（专属于某一岗位的特有能力）	会不会做	20
经验	从事某一工作的时间长短，随着时间的延长，能力的提升趋缓，增长的更多是经验，经验的体现是处理事情的熟练程度和处理异常事务状况的能力	做了多久，熟练程度	

> 小提示
>
> 素质维度一般要占50%以上，只要一个人的素质达标，价值观没问题，知识和经验是可以培养的。按照上述维度做出的人岗匹配，稳定性会相对较强，人才效率会提高。

2. 测评工具的选择

现在的测评工具很多，企业如何选用测评工具，如何做好测评工具的使用在人岗匹配中非常重要。根据人岗匹配的四个维度，一般在进行测评设计时，企业可以从以下三个方面考虑测评工具的选取和使用。

（1）从素质维度进行性格测评。性格测评常用的测评工具有RTC行为性格测评、PDP职业性格测评、霍兰德职业兴趣测试、MBTI职业性格测试、16PF人格测试、大五人格测试（五大类）、九型人格测试、LSI领导风格测试（领导分成四个大类）等。其中，PDP应用广泛，应用量大，因为其使用动物特性标志，也最容易被记住。

（2）从动力维度进行动机测评。从动力维度设计，主要测评候选人的动机，到底多想做这个岗位。常用测评工具有 BBS 结构化面试、舒伯的职业价值观测评、求职动机挖掘与评估、职业期望挖掘与评估等。

（3）从能力维度进行技能测评。从知识能力维度设计，主要测评知识水平和技能水平。常用测评方法有简历分析评估、TST 学习潜能测试、人才测评中心、知识技能笔试、技能操作测试等。

HR 在选用测评工具时，要本着适合公司、便于操作的原则进行选取，一般在一个维度上选用一种工具即可。

3. 开发适合企业的测评题库

从人才测评的发展趋势来看，通用性较强的测评工具只适用于一些常规测试，企业需要针对性更强的个性化测评工具。

目前已有一些专业测评机构开始提供"量身定做"测评体系的服务，帮助企业开发适合自身的测评工具，培训专业测评人才。其中最直接的一个方法就是建立企业自己的测评题库。

测评题库是企业进行测评过程中的基础资源，这些题库大都与企业的运营实际紧密结合，并且是企业日常运营的经验积累。企业应该根据不同岗位的要求，结合优秀员工的绩效评价和测评结果，形成基于绩优员工的测评标准，不断努力开发适合公司的测评题库。

4. 建立人才测评体系

不同企业处于不同发展阶段和不同组织架构下，因而不同企业对于同一名称岗位的员工需求也会有差异。企业在建立人才测评体系时，必须根据企业的现实情况，由易到难、由简单到复杂，通过战略分析和内部经验积累，逐步建立个性化的测评体系，其步骤如表 3-8 所示。

表 3-8　建立人才测评体系的步骤

序号	步骤	具体说明
1	明确职位要求	明确职位要求是建立科学、有效测评体系的基础。明确的职位要求需要企业在招聘时确定哪些素质是该项工作必须具备的，这些素质要达到什么程度才能胜任这个职位。这些内容可以从公司的职位要求、工作说明书等渠道中获得，也可以从绩优员工或者对职位有充分了解的上级主管处获取
2	分析测评结果	清晰的职位要求建立以后，就可以让应聘者完成相应的测试，并将其测评分数和职位要求的最佳区间加以比对，评估人职匹配的程度

续表

序号	步骤	具体说明
3	将测评与面试相结合	测评结果可以为深入了解应聘者提供有价值的线索，比如几位候选人难分伯仲时，就可以在面试中对其测评表现较弱的素质做进一步考察，从而选择表现更优异的应聘者。但测评结果只是决策信息的一部分，还需要将个人履历、面试、人才测评等多方面的信息综合起来评价应聘者
4	招聘效果的跟踪检验	人才测评的应用不该在企业做出录用决策后就结束。用人部门主管和招聘专员要定期回顾分析，通过测评结果和被测员工的实际工作绩效的相关性分析，不断完善测评的模式、方法和过程，对测评方法加以修正和完善，不断提升测评体系的适用性、关联性

> **小提示**
>
> 企业在应用人才测评过程中，需要不断地在实践当中积累经验，如果能娴熟地运用测评工具，那么对于众多担负着招聘重任的人力资源工作者来说，无疑是一个有力而且有效的"助手"。

5.设计不同岗位的测评方案

不同岗位对人才需求的差别是非常大的，招聘中使用最多的要数能力测评、个性测评、职业兴趣测评以及诚信度测评。当然，还可以根据不同的测评对象进行管理能力测评和沟通能力测评等。然后根据这些测评，找出合适的优秀人选。

（1）用于生产岗位的测评设计。生产岗位对人的要求是喜欢与物打交道，操作能力强，反应敏捷，细心安静，并需要一定的专业技能。对于生产岗位人员的测评可从图3-8所示的几方面进行。

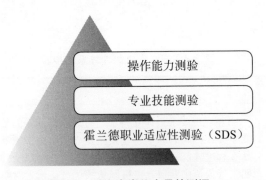

图3-8 对生产岗位人员的测评

（2）用于销售岗位的测评设计。销售岗位对人的要求是喜欢与人打交道，乐观自信，善于与人交往，善于说服别人，对产品较为熟悉，具有该方面的专业技能。对于销售岗位人员的测评可从图3-9所示的几方面进行。

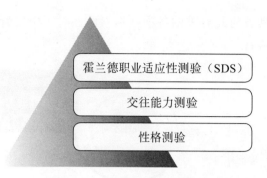

图 3-9 对销售岗位人员的测评

（3）用于技术岗位的测评设计。现代的高新技术企业中大多都有自己的研发机构或部门，那里有一大批专门从事研究开发工作的技术岗位人员。研发机构技术人员的主要职责在于开发新产品，他们需要具有较为深厚的专业技术知识和技能，同时对他们创新能力的要求更高。对于技术岗位人员的测评可从图 3-10 所示的几方面进行。

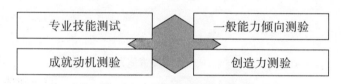

图 3-10 对技术岗位人员的测评

（4）用于普通办公岗位的测评设计。普通办公人员主要负责公司内部的各项具体事务，必须具有一定的职业技能和动手操作能力，其胜任力特征主要包括专业技能、个性特征、一般能力、职业兴趣、心理健康状况、诚信态度等。对于普通办公岗位人员的测评可从图 3-11 所示的几方面进行。

图 3-11 对普通办公岗位人员的测评

（5）用于管理岗位的测评设计。

① 中层管理人员。中层管理人员的主要职责为：上下级沟通，对部门事务进行管理，与员工、同事以及领导进行交往沟通，执行公司的决定，参与员工的职业生涯

管理等，他们应当具备与此有关的各项基本素质。对于中层管理人员的测评可从图 3-12 所示的两方面进行。

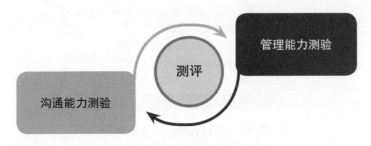

图 3-12　对中层管理人员的测评

② 高层管理人员。高层管理人员的主要职责为：企业的战略策划、经营决策、领导与管理，其核心是决策。他们的胜任力特征主要有：变革与决策意识和能力、管理能力、创造力、较高的成就追求以及交往与沟通能力。对于高层管理人员的测评可从图 3-13 所示的几方面进行。

图 3-13　对高层管理人员的测评

6. 设置科学的测评指标

由于测评对象个体差异性大，如果只看学历、知识、经历，很难真正识别出人才与工作绩效高度相关的能力和素质特征。企业在设置人才测评指标时，要充分考虑到不同部门、不同岗位人员的工作性质和特点，不仅要有学历、资历、计算机和外语水平等硬性指标，还要将工作潜力、思维能力、创造精神、工作韧性等软性指标纳入测评指标设置范围。

用人单位要打破过分依赖笔试的测评格局，综合运用好面试、情景测验、心理测验、客观评价等测评方法，发展能够全面、准确测评人才潜力的测评技术。

 案例

从能力、动力、人格对应聘者进行素质评价

【案例背景】

识人的关键,在于对个人稳定的核心素质进行评价,同时舍弃不稳定、非核心的评价指标(如知识、爱好)。那么,稳定的个人素质包括哪些方面呢?这主要涵盖能力系统、动力系统和人格系统,它们分别解释了"能不能干""想不想干""适不适合干"的识人终极问题。

用一个公式来表示。

$$行为 = 能力 \times 动力 \times 人格$$

如果要做到准确的识人,就要对个人素质的三大系统进行有效的抽样、清晰的识别,做到"既见树木、又见森林"。

张总和王总参加区域总经理候选人的面试。这两人都毕业于重点大学,有十多年的工作经验,也有同等职位的任职经历,带过50人以上的团队。在面试时,面试官提出了如下问题。

(1)你管理的团队在上一年度的工作业绩如何?你在其中做出了哪些贡献?

(2)你离职的原因和考虑是什么?

(3)你为何选择我们公司?看中我们公司哪些方面?

(4)如果你正式来我们公司任职区域总经理,前三个月时间准备如何开展业务?

(5)对我们公司的情况,你还有什么想了解的?

张总是依次这样回答的。

我上一年度带领团队做了800万元的业绩,其中的700万元是公司原来的老客户带来的,这部分业绩我们付出的成本少,主要是维护与老客户的关系。另外100万元的业绩,是我的团队新开发出来的,其中部分借助了老客户的关系。虽然业绩一般,但我认为这样可以稳扎稳打,后续能够持续发力。

我与之前老板的思路不合,在业务开展方面的理念也有冲突。老板是做销售起家的,推行以广告、运动、促销等方式拉动的销售,而我认为这样虽然短期业绩能提升上去,但会损害销售团队的价值观和意志力,变得浮躁而急功近利,以后难带团队,业绩也不容易持续提高。我认为销售团队的培养是一个循序渐进的过程,需要走专业化路线,一边培养销售人员的能力,一边做好与其能力相匹配

的销售活动，不要冒进。

我听说贵公司的人际关系比较简单，大家干好工作就行了。不像我之前工作的企业，要花大量时间处理各种人际关系，我更喜欢简单直接的工作氛围。

如果我来贵公司工作，负责组建这个团队的话，会按循序渐进、稳扎稳打的方式开展工作。我会先用两个月时间培养团队、调查市场、了解竞争对手，然后从第三个月起，争取把销量做上去，来完成这个季度1000万元的销售收入目标。现在的市场环境不好，竞争压力大，要实现目标有很多困难。但我知道我没有退路，我是憋着一口气出来的，不能丢人，拼着命也要努力达成这个目标。

我对公司没有什么问题了，之前人力资源部把基本的工作安排和薪酬向我说明了，我现在是想怎么立即开始工作，把业绩做上去。

王总是这样回答的。

我在去年做了2000万元的业绩，是公司的全国销售冠军，而且全部是靠我组建的团队创造的业绩，我带领的团队还受到了公司的表彰。

我离开原来的公司是因为过意不去。去年我家人生病，我不得不请长假照顾。请太多假我也不好意思，所以干脆辞职照顾家人。当时老板很看重我，批准了我的长假，而且还给我发工资。但我这样过意不去，不符合我做人的价值观。

我听说贵公司的流动率低，人员稳定，不像有些民企，一个月业绩不好就让走人，这很没有人情味。

我选择的工作方向，要看公司的战略要求。如果公司要马上出业绩，我就激发团队把业绩做上去，但这样的话团队流失率会比较大；如果公司要我出质量，那就要给我时间，起码三到六个月时间，急不来。因为组建团队需要慢慢培养，还要一边锻炼一边走向市场，提高客户服务的品质，这些都是急不来的。

我对公司的主要问题是，在销售团队培养的初期，招聘费和培训费怎么出？还有在市场推广初期，公司有没有预支的销售费用？这个问题我问过销售副总经理，他说销售费用是从销售业绩中按一定比例提成。但前期组建队伍时，没有业绩，上面这些费用该怎么出？对此，销售副总经理也没有明确告诉我。

在面试中，张总和王总展现的风格完全不同。表面上看，张总保守稳重，业绩表现中等，而且不善于处理对上级的关系，固执己见。王总则业绩表现突出，健谈自信，精力充沛，善于处理人际关系，比较灵活。抛开直觉和表象，我们用识人之道的三大系统逐一对照分析，去伪存真，方可看清两人的本质。

如果按照"优—良—差"的3分制来评价，张总的三大系统分值如下。

能力系统：张总有同等工作经历，能完成一定量的工作任务，一直强调稳扎稳打的风格。但表述中无论是营销策略还是营销业绩，都缺乏亮点，所以他的能力为中等水平，给2分。

动力系统：张总说他自己是憋着一口气出来的，准备拼命干。最后他说想立即开始工作，把业绩做上去，这些说明他具有很强的工作动力。所以，张总很想干，动力给3分。

人格系统：从张总的前后表述来看，逻辑比较一致，但其个性有瑕疵。张总对自己的描述，坦诚介绍了以往的工作职责和离职原因，比较符合行业的实际情况，其中有不少是对自己行为风格的暴露。行为的原因和过程是偏负性的，所以掩饰的可能性不大，应该是对自己真实性情的表达，因而更加客观可信。

综合来看，张总似乎不善于处理与老板的关系，这属于个性或风格的问题。但他能够袒露自己，谈吐真诚，所以对他的缺点可以接受，给他的人格系统评2.5分。

同样，我们再来分析王总的三大系统。

能力系统：初看起来，王总能力和业绩突出。但相对而言，王总的话说得太满，而且对自己的描述都是积极甚至过于美化的，有些不合常理，从直觉上看已经有点失真。在第三个问题上，更加暴露了王总前后表述内容的不一致。在他的谈话中，可以读到"稳定"（不被"炒掉"）这个关键词。如果他的业绩这么好，能做到全国冠军，何必担心业绩排在末尾被"炒掉"这个问题呢？事实上，只有业绩不好的人才会担心被"炒掉"这种情况。在第五个问题上，王总非常关心"招聘费和培训费怎么出"的问题，这里出现的关键词是"费用"和"支出"。再一推导，王总应该是对业绩没有把握，才会担心钱的问题。所以，王总的能力系统只能给1～1.5分。

动力系统：根据对谈话内容的关键词分析，王总没有表现出明显的进取心，以及任何对工作的责任感和主动性。所以，王总的动力系统只能评1分。

人格系统：如果仔细分析，可以发现王总的描述存在前后逻辑不能自洽的地方，有言过其实之嫌。他一方面说老板很看重他，允许他请长假还发工资，而且他的业绩又是那么优秀，但他为何要离职出来找工作呢？既然原来的老板对他那么好，他更应该回去报答知遇之恩啊！

所以，王总之前描述的业绩水平、离职理由并不能解释他离职的行为，应该对他表示怀疑，并需要通过背景调查进行深入的信息查证。

在第四个问题上，王总并没有给出实际的目标承诺，而且在玩弄口才，把问题抛回给面试官。仔细一想，王总的表现很不真诚，在逃避责任和问题。

在第五个问题上，他还对销售副总经理提出了抱怨。在还不熟悉公司情况的背景下,就开始抱怨上级,这反映了怎样的一种品质?所以,王总的人格系统只能给1分,并且还要对其做背景调查。

【点评】

根据以上分析,可以有很大把握判定,王总的能力较差,动力不足,并且最关键的是,人品有严重问题。

如果要二选一,当然要选张总。倘若奉行更高的用人标准,则应该继续寻访更优秀的人才。

第四章
强化培训,降本增效

第一节
员工培训的认知

一、员工培训的概念

员工培训是指一定组织为开展业务及培育人才的需要,采用各种方式对员工进行有目的、有计划的培养和训练的管理活动。

二、员工培训的类型

员工培训的类型如表4-1所示。

表4-1 员工培训的类型

培训类型		含义	特点
按是否在职	岗前培训	又称新员工入职培训,是向新员工介绍公司的基本情况,包括公司的业务、规章制度、文化等,使他们能够尽快融入本企业中	一般培训的内容都是对新员工通用的内容,而且是以企业内部的资源为主
	在职培训	是在员工工作的过程中对其采取的一项有计划的培训措施,以帮助员工掌握工作所需的知识、技能和态度	此种培训具有较强的针对性,培训的资源既有内部的又有外部的,一般企业的投入较少
	非在职培训	这种培训义被称为脱产培训,是指员工暂时离开自己的工作岗位,专门到有关的机构或者学校等组织参加一段时期的培训	培训时间一般比较长,培训的内容具有很强的系统性,培训的资源大部分是外部的而且培训的投入较大

续表

培训类型		含义	特点
按集中程度	正式培训	是指将员工集中在一起对其进行系统性的培训,一般以课堂形式为主	培训时间很短,培训内容有很强的针对性,投入比较大
	非正式培训	是指不用集中在一起的、比较随意的培训,可在工作过程中进行,也可以面谈等其他形式进行	培训的形式较灵活,投入比较少
按培训需求	岗位培训	按岗位要求对员工进行培训	培训内容具有很强的针对性
	职能培训	按专业要求对员工进行的培训	
	课题培训	按岗位或者专业中的某个课题的要求对员工进行的培训	

三、员工培训的意义

目前在激烈的市场竞争条件下,一个企业要想有长足的发展,就必须有人才、技术、信息、资源作支撑,其中人才素质高低对企业发展发挥着不可估量的作用。在面临全球化、高质量、高效率的工作系统挑战中,培训显得更为重要。培训能使员工的知识、技能与态度明显提高与改善,由此提高企业效益,获得竞争优势。具体来说,员工培训的意义体现在图4-1所示的几个方面。

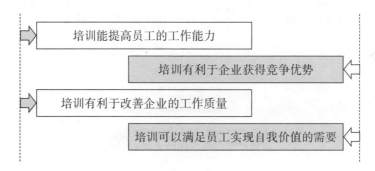

图4-1 员工培训的意义

1. 培训能提高员工的工作能力

员工培训的直接目的就是要发展员工的职业能力,使其更好地胜任现在的日常工作及未来的工作任务。同时,培训使员工的工作能力提高,为取得良好的工作绩效提供了可能,也为员工提供更多晋升和较高收入的机会。

2. 培训有利于企业获得竞争优势

员工培训就是要不断培训与开发高素质的人才,以获得竞争优势,这已是不争的事实。尤其是人类社会步入以知识经济资源和信息资源为重要依托的新时代,智力资本已成为获取生产力、竞争力和经济成就的关键因素。企业的竞争不再依靠自然资源、廉价的劳动力、精良的机器和雄厚的财力,而主要依靠知识密集型的人力资本。员工培训是创造智力资本的途径。智力资本包括基本技能(完成本职工作的技术)、高级技能(如怎样运用科技与其他员工共享信息、对客户和生产系统进行了解)以及自我激发创造力。因此,这要求建立一种新的适合未来发展与竞争的培训观念,提高企业员工的整体素质。

3. 培训有利于改善企业的工作质量

工作质量包括生产过程质量、产品质量与客户服务质量等。毫无疑问,培训使员工素质、职业能力提高并增强,将直接提高和改善企业工作质量。培训能改进员工的工作表现,降低成本;培训可增加员工的安全操作知识;提高员工的劳动技能水平;增强员工的岗位意识,增加员工的责任感,规范生产安全规程;增强安全管理意识,提高管理者的管理水平。因此,企业应加强对员工敬业精神、安全意识和知识的培训。

4. 培训可以满足员工实现自我价值的需要

在现代企业中,员工的工作目的更重要的是为了"高级"需求——自我价值实现。培训不断教给员工新的知识与技能,使其能适应或能接受具有挑战性的工作与任务,实现自我成长和自我价值,这不仅使员工在物质上得到满足,而且使员工得到精神上的成就感,从而也更能留住员工,减少人员流动,降低人力成本。

第二节 员工培训的实施

一、明确培训需求

培训需求分析实际上就是要找到公司的培训工作现状和想要达到的理想状态之间的差距。它的根本目的就是决定是否需要进行培训以及谁需要进行培训,需要培训哪些内容。因此,培训需求分析的效果从根本上决定了培训是否有效和有收益。

1. 从组织层面分析

培训需求的组织层面分析主要是通过对组织的目标、资源、特质、环境、效率等因素的分析，准确地找出组织存在的问题与问题产生的根源，以确定培训是否属于解决这类问题最有效的方法。组织分析的目的是在收集与分析组织绩效和组织特质的基础上，确认绩效问题及其病因，寻找可能解决的办法，为培训部门提供参考。一般而言，组织分析主要包括表4-2所示的内容。

表4-2 组织层面培训需求分析

序号	分析事项	具体说明
1	组织目标分析	明确、清晰的组织目标既对组织的发展起决定性作用，也对培训规划的设计与执行起积极的导向作用，组织目标决定培训的目标。如果一个组织的目标是提高产品的质量，那么培训活动就必须与这个目标相一致。假如组织目标模糊不清，培训规划的设计与执行就显得很困难，目标分析就是要让目标清晰地展现出来，培训活动才能根据其进行设计
2	组织资源分析	如果没有确定可被利用的人力、物力和财力资源，就难以预算培训的成本和效益，也就无法保证已经确立培训目标的实现。组织资源分析包括对组织的资金、时间、人力等资源的描述 （1）组织所能提供的经费将影响培训的范围和深度 （2）对组织而言，时间就是金钱，培训是需要相当多的时间的，如果时间紧迫或安排不当，极有可能造成培训流于形式，不能达到预期的目标 （3）对组织人力状况的了解非常重要，它是决定是否培训的关键因素。组织一次成功的培训，资金和时间当然起着很重要的作用，但是人力资源无疑是重中之重。要充分分析组织进行培训时能够提供的培训讲师的数量、培训讲师的专业、能够担任的培训课程、培训讲师的工作绩效，以及工作人员的数量、工作人员的年龄、工作人员对培训工作的态度等。通过这些分析可以判断凭借企业自身的人力能否组织成功的培训，如果人力资源不足，而培训又十分必要，则要考虑从组织外部引进讲师或工作人员，与组织的相关人员配合共同完成培训工作
3	组织特质和环境分析	组织特质与环境对培训也起着重要的作用。因为，当培训规划和组织的价值不一致时，培训的效果就很难保证。组织特质与环境分析主要是对组织的系统结构、文化、资讯传播情况的了解 （1）系统特质是指组织的输入、运作、输出、次级系统互动以及与外界环境间的交流特质。通过对系统特质的分析可以使管理者全面系统地面对组织的整体情况，充分了解组织的特性，避免在组织进行培训需求分析时以偏概全 （2）文化特质是指组织的软硬件设施、组织哲学、组织理念、组织精神、组织道德、规章制度、组织经营运作的方式、组织成员待人处事的特殊风格。对组织文化物质的分析可以使管理者深入了解组织，而不是仅仅停留在表面问题上，这样就可以挖掘出组织在培训方面的深层次需求，使培训工作切实解决企业存在的深层次问题 （3）资讯传播特质是指组织部门和成员收集、分析和传递信息的分工与运作。培训需求分析工作正是以大量相关信息为基础，对资讯传播特质的分析可以使管理者了解组织信息传递和沟通的特性，从而迅速掌握收集信息、传递信息、反馈信息的各种渠道，提高培训需求分析工作的效率和效果

续表

序号	分析事项	具体说明
4	组织效率分析	包括组织的生产效率、人力支出、产品的质量和数量、浪费状况、机器的使用和维修。组织可以对这些因素加以分析,制定出相应的效率标准。如有不能达到效率标准要求的,就要考虑使用培训的手段加以解决。同时这些标准也是培训效果的评价指标

2. 从工作层面分析

工作层面培训需求分析主要是根据员工的职位描述和任职资格所制定的工作执行标准来寻找员工实际工作能力与要求之间存在的差距,从而确定培训需求。工作层面培训需求分析有利于了解与绩效问题有关的工作内容、工作标准以及完成工作所具备的知识和技能。通常情况下工作层面分析可以通过查阅员工岗位说明书来获取部分相关信息。

工作层面培训需求分析主要包括如表4-3所示的内容。

表4-3 工作层面培训需求分析

序号	分析事项	具体说明
1	工作规范分析	主要是对员工的工作内容、工作责任、组织关系、工作量等进行分析
2	工作复杂程度分析	以员工工作的每一个工作要项为基础,分析其工作标准、特点、所需的知识技能、安全及注意事项等
3	工作环境分析	主要是对劳务派遣员工工作的物理环境、安全环境、社会条件等进行分析
4	任职资格分析	主要是对工作岗位要求员工所具备的教育培训情况、知识、经验、心理素质等进行分析

3. 从个人层面分析

个人层面培训需求分析主要是对劳务派遣员工的工作背景、年龄、个性、知识、能力等进行分析,找出劳务派遣员工现状与标准之间的差距,以确定培训对象、培训内容及培训后应达到的效果。

个人层面培训需求分析主要包括如表4-4所示的内容。

表4-4 个人层面培训需求分析

序号	分析事项	具体说明
1	员工知识结构分析	主要是对劳务派遣员工文化教育水平、职业教育培训、专项培训等进行分析

续表

序号	分析事项	具体说明
2	员工能力水平分析	主要是对劳务派遣员工实际拥有的能力与完成工作所要求的能力之间的差距进行分析
3	员工个性分析	主要是对劳务派遣员工个性特征与职位要求的匹配程度进行分析
4	员工工作态度分析	劳务派遣员工工作态度不仅会影响其知识技能的学习和发挥,还会影响他与同事间的人际关系、与客户的关系等

相关链接

几种常见的产生培训需求的情况

1. 工作岗位变动时

比如从招聘主管岗位调整到薪酬主管岗位时,就需要补充有关薪酬原理知识、如何进行薪酬体系设计技能等。

2. 工作能力需提升时

当员工在工作中时间分配不合理,达不到上级要求的工作效率,就说明该员工在时间管理能力方面需要提升,此时就产生了培训需求。

3. 生产安全要求提高时

当企业的生产安全要求提高,对于每一位进入车间的人员必须佩戴防护服,避免产生灰尘,这个时候可能会产生一些培训需求,比如如何穿戴防护服、如何在穿戴防护服的状态下工作等。

4. 企业市场扩张时

比如,一个原来只有3条生产线的企业一下扩张到拥有10条生产线后,这个时候企业管理者的管理能力和管理水平方面就存在着差距,会产生培训需求。

5. 招聘新员工后

这类培训需求最明显的就是要求每一位新员工都能了解企业信息、企业规章制度、企业文化等。

6. 增加新业务、新领域时

如果一家企业原来只生产电视机,现在希望将产品线扩展到手机、平板电脑等领域,就会产生相应的培训需求,比如行业知识、生产技术等。

7. 解决特定问题时

比如,一个生产企业在制造模具的过程中发现无论如何都不能让模具成型,这个时候对于这个工作小组来说,力学、模具材料等方面的知识技能就会成为他们的培训需求。

8. 组织、规章制度变革时

比如,企业发布了一个新的绩效考核制度,企业内的员工就会希望更准确地了解绩效考核的信息,这个时候就需要人力资源部组织各部门进行学习,让大家能够更加清晰地了解这个新制度。

9. 技术革新时

比如一家工厂引进了一套新的生产设备,这个时候生产车间就产生了最直接的培训需求——如何使用这台设备。

10. 企业改进工作绩效时

比如企业需要改进销售流程,重新设计销售渠道时,销售部或者市场部的员工就会产生对于专业化、领先型企业的销售流程、渠道管理等方面的培训需求,以便更好地改进,实现绩效提升。

二、制订培训计划

培训计划是从公司组织战略出发,在全面、客观的分析基础上做出的对培训内容、培训时间、培训地点、培训者、培训对象、培训方式和培训费用等的预先设定。一个科学完整的培训计划能够使培训取得事半功倍的效果。

1. 培训计划的要素

培训计划的要素如表4-5所示。

表4-5　培训计划的要素

序号	要素	具体说明
1	培训目标	培训目标是考核培训效果的标准,分为总体培训目标和单项培训目标。培训目标要满足以下几个方面的要求 (1) 应适应公司行业发展 (2) 公司发展战略对人力资源开发与培训的要求 (3) 公司各职能部门的培训需求 (4) 公司员工、管理者对适应新岗位和新职位的要求 (5) 公司安全经营要求 (6) 员工个人发展需求
2	培训内容	培训部门应针对不同部门、不同岗位、不同层次的工作人员,分别设计不同的培训内容,使培训内容具有较强的实用性

续表

序号	要素	具体说明
3	培训对象	准确选择培训对象，区分主要培训对象和次要培训对象，有助于加强培训的目的性，增强培训效果，控制培训成本
4	培训规模	培训规模受很多因素的影响，如公司的规模、培训力量的强弱、培训场所的大小等。具体培训规模应根据公司实际情况确定。培训方式是决定培训规模的一个重要因素。例如，使用计算机进行培训，培训规模通常较小；使用讲授、讨论、个案、角色扮演等方法进行培训，要求培训规模适中
5	培训场所	选择培训场所要根据受训人数、培训内容和培训方式等来决定。确认后的培训地点要及时通知受训者和培训讲师
6	培训时间	一期培训的时间从几十分钟到数周不等。培训内容、费用和培训对象来源都能影响培训时间。影响培训时间的还有培训对象的工作时间和业余时间的分配。大部分培训都是在工作时间内进行的。虽然可以考虑利用培训对象的业余时间，但这样做时，必须首先征求培训对象的意见
7	培训费用	培训费用直接影响着培训计划的编制，以及培训实际效果的好坏。培训的主要费用是培训讲师的工资以及培训用具的相关费用。如果使用外部培训人员，可能在费用上会有所增加，但是只要培训效果好，则完全可以弥补相应的损失
8	培训讲师	培训讲师担负着公司员工培训的重任，培训讲师素质的高低直接影响公司人力资源素质的高低，进而影响着公司的发展。因此，培训讲师的选择和培养对公司来说至关重要。选择和确定培训讲师要从公司的实际情况出发

2. 培训计划制订流程

培训计划制订流程如表 4-6 所示。

表 4-6 培训计划制订流程

序号	关键点控制	具体说明	流程图
1	分析确定培训需求	（1）人力资源部门根据企业发展的需求，进行培训需求调查，或者由各职能部门根据工作需要定期向人力资源部提出培训需求的申请 （2）人力资源部根据调查结果及各职能部门提供的情况，确定是否需要培训、培训哪些内容等	分析确定培训需求 ↓ ●

续表

序号	关键点控制	具体说明	流程图
2	确定培训目标	人力资源部根据各职能部门提供的信息，结合寻求分析结果，确定培训的具体目标，上报领导审批	确定培训目标
3	规划培训内容	（1）人力资源部根据培训需求内容，规划培训的内容 （2）根据不同层级员工的寻求设置培训课程	规划培训内容
4	制订培训计划	（1）培训目标和内容确定后，人力资源部编制培训计划 （2）培训计划的具体内容包括培训内容、培训时间、培训方式、培训地点、选择培训师和受训者等方面	制订培训计划
5	培训计划评价	培训计划制订完成，在内部进行讨论，修正后知会各职能部门负责人，各部门对计划提出建议并及时反馈给人力资源部	培训计划评价
6	编写培训计划书	人力资源部根据各职能部门提出的建议、完善《培训计划草案》，最终形成《培训计划书》，上报有关领导审批后，即可组织实施	编写培训计划书

三、培训效果评估

向培训要效益，最好的办法就是培训评估。培训评估是根据培训目标，运用科学理论、方法和程序从培训项目中收集数据，对培训过程、培训计划和培训费用等进行综合分析，评估培训效果。培训评估是培训工作的最后一个环节，有利于培训管理者全面掌握和控制培训质量。

1. 培训效果评估的方法

培训效果评估是在培训结束后通过问卷调查对培训效果的综合评估。企业可根据培训项目设计调查问卷，调查问卷整体上分为三个部分，即参训者基本信息、参训者对培训班的满意程度、参训者对培训班的建议及需求。

问卷除设计要求参训者填写的个人基本情况外，还要充分考虑到培训完成后参训者个人的感受，突出培训对实际工作的促进情况，将员工个人培训需求与所在部门实际工作要求相结合，从主客观两个方面共同评估培训效果。

为切实做好培训效果评估，企业应要求学员在培训结束时填写调查问卷，由培训主管部门收集汇总，并撰写培训评估报告。

2. 培训效果评估的步骤

培训效果评估的步骤如表 4-7 所示。

表 4-7 培训效果评估的步骤

序号	步骤	具体说明
1	确定评估目的	在开始评估时，首先要明确"为什么要评估"，也就是说评估的目的是什么，这是评估的方向性问题，对评估什么、评估的标准、评估技术、谁来评估、什么时候评估都具有指导性和决定性意义
2	明确评估标准	评估标准是将员工培训活动的目标具体化为可测量的指标。是用来测量培训过程和成果的参照系数。指标来源有四种：行业的标杆数据、历史的经验记录、计划的期望状态和咨询专家的建议
3	制定评估方案	包括评估技术（模型）的选择、评估人员的选择、评估对象的确定、评估时间及地点的确定
4	收集信息	主要来源有员工培训需求分析报告、培训项目计划、培训课程反馈表、知识测试答卷、角色扮演记录、学员行动计划等与培训过程和结果相关的资料
5	测量分析	评估者对收集到的原始资料进行统计、分析，并将结果与评估标准对照做出相应评价，得出员工培训活动的目的是否达到或是已达到某种程度的结论
6	撰写评估报告	培训评估的过程和结果必须用正式的形式表现出来，以便于沟通和作为决策的依据，撰写评估报告既是对评估活动的正式总结，也是对后续沟通和决策提供相应的资料
7	评估结果沟通	培训活动的组织者有理由也有权利知道员工培训活动的评估结果，因此培训活动评估结果的沟通显得尤其重要
8	后续跟进	根据评估结果采取相应的后续措施，比如保留并继续实施评估效果好的项目、对某些环节有缺陷的项目进行改进、暂停甚至取消评估效果差的问题项目

四、培训经费预算与管理

对于培训经费的投入，除国家规定的指导性政策外，企业对培训经费的管理也非常重要。企业应做好培训经费政策管理、预算管理、过程评价、决算、审计等全方位的管理，以确保培训经费管理到位和投入效益最大化。

1. 培训预算的确定方法

培训预算问题在不同的企业，处理方式也不尽相同。表 4-8 所示的是几种常见的培训预算的确定方法。

表 4-8　几种常见的培训预算的确定方法

序号	确定方法	具体说明
1	比较预算法	最通常的做法是参考同行业关于培训预算的数据。人力资源部经理可以与同行就培训预算问题进行一次沟通，相互了解一下对方的情况，然后取平均值（由于各企业的规模不同，建议取人均培训预算）
2	比例确定法	对某一基准值设定一定的比率决定培训经费预算额的方法，比如依照年度工资总和 5% 的比例
3	人均预算法	预先确定企业内人均培训经费预算额，然后再乘以在职人员数量的培训预算决定方法
4	推算法	如果企业有历史培训预算数据，那么参考这些数据将会更加有意义。推算法就是根据过去培训预算使用额进行推算，运用上一年度对比法决定预算的方法
5	需求预算法	根据企业培训需求确定在一定时限内必须开展的培训活动，分项计算经费，然后计算总和的预算法
6	费用总额法	有些企业实行划定人力资源管理部门全年的费用总额的办法，费用总额包括招聘费用、培训费用、社会保障费用、体检费用等人力资源管理部门全年的所有费用。其中培训费用的额度可以由人力资源管理部门自行分配。事实上，费用总额法往往是建立在以上一种或几种方法基础上的，此方法虽然有些死板，但对中小型企业有效发挥培训效果还是有一定帮助的

2. 培训年度预算总额确定

年度培训预算的基本任务包括确定年度培训费用总量、明确费用使用方向、预算管理机制和规定等。

年度培训预算的基本逻辑是：自下而上，先根据年度计划中的项目分解，来确定费用需求分解，然后对于总量进行全局调节。

对每一个项目组合进行费用需求分析，参照培训资源供应市场、自身组织能力、以往成本费用经验等，进行综合。然后就费用总量进行调整。参照对比企业、自身成本控制能力提升空间、培训资源供应市场、费用和支出比例，年度经营状况对比等进行调整。

管理层应对整个培训活动进行全面审核，避免内部各种随意性培训费用的支出，利于提高主管人员计划、预算、控制与决策的水平，利于将组织的长远目标、培训目标和培训效益三者有机地结合起来。

3. 年度培训预算制订的项目组合费用核算的步骤

年度培训预算制订的项目组合费用核算的步骤如图 4-2 所示。

第四章　强化培训，降本增效

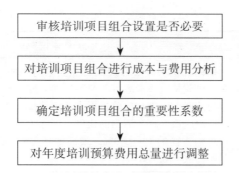

图 4-2　年度培训预算制订的项目组合费用核算的步骤

（1）审核培训项目组合设置是否必要。年度培训计划中，培训项目组合是根据调研结果而来的，其取舍一定要慎重。实践中的某些现象必须避免，如随意定项目来获得公司资源空间的行为。

（2）对培训项目组合进行成本与费用分析。基本的讲师来源、课程开发、项目实施费用等必须有一个大概的量的确认。关键的一个要求是必须明确费用使用方向，包括的费用如训练行政人事薪资与津贴、福利金、保险费、自有训练场地的维护及折旧、自有设备折旧；课程开发费用，如讲师费、教材费、车马费、版权费、课程设计费；管理费用，如场地费、出差费、器材费、交通费、膳食费、茶水费、加班费、国外差旅费等。

（3）确定培训项目组合的重要性系数。这一步主要考察项目必要性重要程度，以利于下一步的修整。可通过投资回报率预先估计，然后再确定调整系数。

（4）对年度培训预算费用总量进行调整。项目组合财务需求总和计算出后，肯定会与预算基准即人力规划中年度培训预算的资源分配空间相冲突，必须进行调整。调整的方法有表 4-9 所示的四种。

表 4-9　年度培训预算费用的调整方法

序号	调整方法	具体说明
1	结构比例法	结构比例很多，如下所示 （1）以每位员工的预算基准决定。每位员工每年平均有固定的训练费用，企业可根据职位来确定训练经费 （2）以人事费用的一定比例决定。以每年人事费用（薪资、津贴、福利、保险）的 3%～8% 作为总训练经费 （3）以营业额的一定比例决定。以每年营业额的 0.5%～3.0% 作为总训练经费，当营业额较小时，比例会提高 （4）以营业利润的一定比例决定。以每年企业营业利润的 5%～10% 作为训练预算，但容易受不景气影响
2	纵向比例参照法	纵向比例参照法也就是根据去年、今年与明年的发展趋势以及企业赢利状况，再依据培训策略（是加大力度还是紧缩）进行调整

续表

序号	调整方法	具体说明
3	横向比例法	横向比例法一般参照同行业竞争对手的培训资源投入力度和回报率。也就是应该考虑竞争对手发展阶段、现时竞争策略，再结合企业自身的能力评价和战略目标来确定总量。各企业培训的总预算多少不一，但应该有一个适当的比例。国际大公司的培训总预算一般占上一年总销售额的1%～3%，最高的达7%，平均1.5%，而我国的许多企业都低于0.5%，甚至不少企业在0.1%以下

4. 培训预算的分配

虽然在确定培训预算时可能会采用人均培训预算的方式，但是在进行预算的分配时往往不会人均平摊。有企业会将70%的培训费用花在30%的员工身上，甚至将80%的费用用于10%～20%员工的培训。

（1）企业一般都会将培训预算向公司高级经理和骨干员工倾斜。

（2）有关管理类培训的培训预算应重点集中在企业的高层经理上。

（3）有关技术类培训的培训预算应该集中在公司骨干技术人员身上。

5. 培训经费的管理

对于企业来说，培训经费毕竟是有限的，特别是对于效益不太好的企业更是如此，因此一定要将经费使用在关键的地方。这就需注意表4-10所示的几方面问题。

表4-10 培训经费的管理方法

序号	调整方法	具体说明
1	建立健全培训经费管理制度	培训经费的管理要求做到专款专用，严格执行财务制度，照章办事。企业应制定经费管理的实施细则，严格经费使用审批制度，防止占用、滥用和挪用培训经费，保证经费的合理有效使用
2	履行培训经费预算和决算制度	经费预算是为了确保各培训项目的经费保障，要求按项目单列计划，同时也要考虑适当的机动经费，报主管部门审批；按照财务管理要求，执行经费决算，其目的在于通过经费收支额的年度核算，检查、总结年度预算的执行情况，同时为下一年度的经费预算提供参考
3	科学调控培训的规模与速率	培训工作的规模、速度和水平质量受培训经费的制约，就是说，企业要根据经费的情况，在不影响培训质量的前提下，科学合理地安排培训类别及规模等次，实施有计划、有步骤的培训
4	突出重点，统筹兼顾	培训经费的使用要与培训工作的总体思路统一起来。在培训经费相对紧张的情况下，如何用现有的资金办出超效益的事情来，关键就是要分清主次，突出重点。把培训经费的使用与培训的效益结合起来考虑，避免人力、物力及财力的浪费

续表

序号	调整方法	具体说明
5	综合计算与结构化统计	企业应对培训费用进行综合计算与结构化统计。分类的方向很多，比如按照接受对象分，如主管人员、新进人员，研发人员、市场人员等；按照使用方向接受对象分，如课程、讲师、组织实施、固定资产等。这有利于进行费用控制和培训成本控制策略的制定
6	动态调整	企业必须时刻根据每个培训项目组合的推进与实施，结合项目评估和效益回报分析，适时对整个年度培训计划中的预算进行微调

第五章
薪酬预算,权衡产出

第一节
薪酬预算的认知

一、薪酬预算的概念

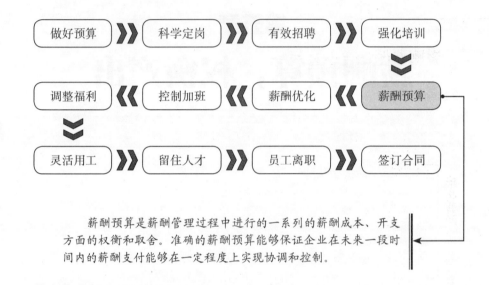

薪酬预算是薪酬管理过程中进行的一系列的薪酬成本、开支方面的权衡和取舍。准确的薪酬预算能够保证企业在未来一段时间内的薪酬支付能够在一定程度上实现协调和控制。

二、薪酬预算的作用

薪酬预算是对企业人工成本使用的一种控制计划,是薪酬战略或人力资源战略的一种实施工具。在一定预算内,薪酬投入到基本薪酬、可变薪酬还是福利上,对员工的态度和行为都会有着不同的影响,而且,对企业近期的发展也会有不同的预期效果。因此,薪酬预算规定了人力资源的投资方向和投资策略,它本身就是一种投资决策和管理行为。

具体来说,薪酬预算具有表 5-1 所示的作用。

表 5-1 薪酬预算的作用

序号	作用	具体说明
1	协调企业收益与员工利益	保持人工成本与企业收益之间的动态平衡,在员工利益与企业收益之间起到枢纽、润滑的作用

续表

序号	作用	具体说明
2	有效影响员工行为	企业薪酬预算倾向于何种薪酬形式或人力资源管理职能，必然会向员工传递企业经营的重点，它对员工行为具有很强的导向作用
3	适应内外部环境的变化	薪酬管理是受外部影响最大的人力资源管理职能之一，也是对外部环境因素较为敏感的管理环节，因此，通过薪酬预算能够保证薪酬管理与外部环境的平衡
4	发挥人工成本的控制机制	薪酬预算与人工成本控制之间是互为补充的关系，薪酬预算通过人工成本控制得以正常实现，人工成本控制又对薪酬预算起着调整和补充的作用

三、影响薪酬预算的因素

影响薪酬预算的因素主要如图 5-1 所示。

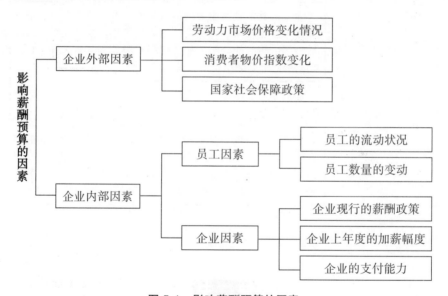

图 5-1　影响薪酬预算的因素

1. 企业外部因素

在制定薪酬预算时，企业应详细分析外部劳动力市场价格变化情况、消费者物价指数变化、国家社会保障政策变化以及外部环境对企业经营业绩影响等多方面因素。其中，消费者物价指数变化会反映到固定薪酬预算方面；国家社会保障政策变化会反映到社会保险费用预算方面；劳动力市场价格变化以及企业外部经营环境的变化会对工资总额预算有比较大的影响。

> **小提示**
>
> 在薪酬总额预算受到限制的情况下,企业必须权衡人工成本在工资、社会保险费用以及招聘、培训等其他方面费用的分配,不同的分配倾向体现公司人力资源管理工作重心的变化。

2. 企业内部因素

企业制定薪酬预算的内部环境主要取决于企业和员工两个方面的因素。其中,员工因素主要源于员工队伍本身发生的变化,如员工数量的增减以及员工的流动。企业因素主要包括企业现有的薪酬政策、企业上年度的加薪幅度以及企业的支付能力,具体如表5-2所示。

表 5-2 影响薪酬预算的企业内部因素

序号	因素	具体说明
1	现有的薪酬政策	企业的薪酬政策主要可以分为两大类,即现有的薪酬水平政策和薪酬结构政策,包括薪酬的支出策略,如领先型、跟随型、滞后型等;薪酬的分布,如各部门薪酬总额、各区域薪酬总额、人均薪酬等;薪酬结构,如薪酬的分类、分级、比例等
2	企业上年度的加薪幅度	相对于企业本年度的薪酬预算而言,上年度的加薪幅度可以充当一种参照
3	企业的支付能力	企业的支付能力是其自身财务状况的函数,当企业的财务处境良好时,往往具备保持其在劳动力市场上的优势竞争地位的实力,而当企业在财务方面出现问题时,企业则通常会采取裁员、降低基本薪酬上涨幅度或是缩减可变薪酬的做法来确保企业渡过难关

第二节
薪酬预算的实施

一、薪酬总额预算的方法

企业进行薪酬总额预算的目的在于实现对薪酬总额的控制,而薪酬总额控制的关键在于根据企业的实际情况确定一个合理的薪酬总额预算,然后以薪酬总额预算为标准,实施薪酬控制。薪酬总额预算常用方法有以下四种。

1. 薪酬比例推算法

薪酬比例推算法适用于销售业绩相对稳定，没有业绩上大起大落的企业。它是以销售额为基数，按照一定的薪酬预算比率推算这家企业薪酬预算总额的方法。

薪酬比例推算法的原理，其实就是保持企业在产生一定数量的销售额的情况下，对员工支付的薪酬额的比率维持稳定。

薪酬比例推算法的计算公式为

$$薪酬预算额=本年度销售预算总额×上年度薪酬费用比率$$

$$上年度薪酬费用比率=上年度薪酬总额÷上年度销售总额$$

比如，A公司上年度的销售额是3亿元，上年度发放的薪酬总额是4500万元，本年度预算的销售额是要达到3.6亿元，那么他本年度的薪酬预算额=3.6亿元×（0.45亿元÷3亿元）=0.54亿元，也就是5400万元。

当然这里面会涉及另外一个问题，即薪酬总额与销售总额是否匹配的问题。按照一般逻辑来说，假设A公司全年只完成了80%的销售额，按说应该只花费80%的薪酬预算，但在实务中，有可能A公司却已经花费了95%的薪酬总额。这个就不单单是薪酬总额预算的问题，还包含了薪酬结构的问题。

因此，在实践中，通过薪酬比例推算法预算出来的薪酬预算总额只能作为一个参考依据，企业人力资源部门还需要将固定薪酬和可变薪酬分开测算，才能得到更为准确的数据。

2. 劳动分配推算法

劳动分配推算法适用于财务管理基础良好的企业，因为这类型企业提供的财务数据更为准确。

劳动分配推算法的原理是测算企业在一定时期之内新创造的价值当中，有多少是用来支付人工成本的。劳动分配推算法反映了分配关系和人工成本要素之间的投入及产出的关系。

劳动分配推算法的计算公式为

$$薪酬预算额=本年度预算人工成本×薪酬费用占比$$

$$本年度预算人工成本=本年度预算劳动分配率×本年度预算附加价值$$

其中，本年度预算劳动分配率可以通过上年度劳动分配率进行推算。

$$上年度劳动分配率=上年度人工成本总额÷上年度附加价值×100\%$$

附加价值有两种计算方法，分别如下。

$$附加价值=销售额-当期进货成本-（直接原材料+购入零配件+外包加工费+间接材料+其他外部组织创造的价值）$$

$$或附加价值=利润+人力成本+财务费用+租金+折旧+税收+其他形成附加价值的各项费用$$

> **小提示**
>
> 劳动分配推算法当中的人工成本、劳动分配率、附加价值这些数据的来源，可以从企业财务部门获取，且应该以审计之后的财务报表当中的数据为准。

3. 盈亏平衡推算法

盈亏平衡推算法是企业根据产品的产量、运营的成本和产生的利润，这三者之间的相互关系来控制成本、预算、利润的综合的分析方法。

盈亏平衡推算法的计算公式为

薪酬预算额=本年度销售预算总额×合理的薪酬费用比率

其中：

最低薪酬费用比率≤合理的薪酬费用比率≤最高薪酬费用比率

最高薪酬费用比率=上年度薪酬总额÷盈亏平衡点销售额

最低薪酬费用比率=上年度薪酬总额÷安全盈利点销售额

比如，某公司上年度的销售额是4亿元，上年度发放的薪酬总额是6000万元，这个公司的盈亏平衡点是3.5亿元，它的安全盈利点是5亿元，若本年度的销售预算额是4.5亿元，那么这个公司本年度的薪酬预算额应该是多少呢？

从公式可得，该公司的最高薪酬费用比率=0.6亿元÷3.5亿元=17.14%，最低薪酬费用比率=0.6亿元÷5亿元=12%，该公司去年的实际薪酬费用比率=0.6亿元÷4亿元=15%。

据此，可以得出该公司12%≤合理的薪酬费用比率≤17.14%。

采用盈亏平衡点推算法的企业，着重要考虑的是企业战略、收入的稳定性及财务管理水平。

（1）当企业采用进攻型的扩张战略时，薪酬费用比率会相对高一些；当企业采用稳健型战略时，薪酬费用比率相对适中；当企业采用收缩型战略时，薪酬费用比率相对低一些。

（2）由于盈亏平衡点推算法是基于财务的盈亏平衡点的概念上发展而来的，因此企业的财务管理水平就显得极为关键，如果财务人员核算的盈亏平衡点有较大误差，就会造成薪酬预算数据的偏差。

4. 人员编制法

人员编制法是在企业人员编制的基础上，根据员工的平均薪酬水平对薪酬总额进行的一种预算方法。其计算公式为

年度薪酬总额预算=标准编制×平均薪酬水平

其中,平均薪酬水平应为各岗位的平均薪酬水平。如果是跨区域的企业,还需要考虑不同区域的薪酬差异。

预算步骤如下。

(1)统计企业各岗位平均薪酬,预测下一年度行业薪酬增幅,确定下一年度企业整体薪酬增幅及各岗位薪酬增幅。属于企业发展的核心岗位,可以将该岗位薪酬增幅定得略高于企业整体薪酬增幅;而有些岗位在本行业人员供应已经达到了饱和状态,同时并非企业的核心人员,而只是辅助人员的话,就可以将该部分人员的薪酬增幅定得低于企业整体薪酬增幅;还有些岗位的人员甚至可以维持现有水平。

(2)确定下一年度各岗位人员编制。

(3)预算下一年度企业薪酬总额。

$$薪酬总额 = \sum 各工资等级平均薪酬 \times 职工编制 \times (1 + 薪酬增幅)$$

> **小提示**
>
> 人员编制法适用于财务系统不够成熟或暂时尚未盈利或业务调整幅度较大的企业,采用人员编制法的企业建议不要做年度薪酬预算,而是应该做季度甚至月度薪酬预算。

二、薪酬预算的实际运用

在实践中,企业常常会出现业务部"人手不够"、财务部"资金紧张"、人力资源部"工资成本越来越高"、普通员工抱怨"收入还不够打酱油"的奇怪现象。可见,在企业快速发展的过程中,人力成本的支出成为企业支出的一个重要方面。老板都迫切想看到"我的钱到底用在了什么地方?人力成本上我能支付的上限是多少?达到公司最高业绩目标时能发多少?达到公司最低目标时我又能发多少?"因此,薪酬预算便成为重中之重。那么,对于企业人力资源部来说,该如何进行薪酬预算呢?具体步骤如图5-2所示。

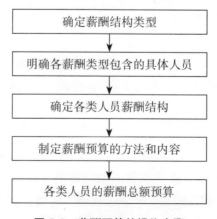

图 5-2　薪酬预算的操作步骤

1. 确定薪酬结构类型

将企业的薪酬结构分为以下三类。

（1）A类——年薪类。

（2）B类——提成类。

（3）C类——其他类（不与效益直接挂钩）。

2. 明确各薪酬类型包含的具体人员

（1）年薪类人员划分。对企业的总经理、副总经理、总工、技术中心经理/副经理、工程中心经理等可实行年薪制。

比如，企业的高层管理人员、影响企业盈利的业务核心人员（技术中心、工程中心）正职可以实行年薪制。而考虑到部门内部的协调性和配合性，对副职岗位（技术中心副经理）也归属为年薪制，让副职人员与正职人员共同努力，做好配合和分管工作。

（2）提成类人员划分。对企业销售部门、研发部门、技术部门的员工可实行底薪+提成的薪酬制。考虑到B类人员的年薪总额的市场竞争性、月标准工资的延续性、月标准工资和提成的比例关系，总的原则是薪酬总额逐步增加，月标准工资的占比逐步降低，即逐步增大浮动薪酬占比，同时要明确B类人员没有年终奖。

（3）其他类（不与效益直接挂钩）人员划分。C类人员主要指行政与人力资源中心全体管理人员、财务中心全体人员、工程中心管理人员、技术中心网络管理员等。

比如，网络管理员，虽然该岗位人员在技术中心工作，但因为该岗位是对整个公司负责的，不享受技术中心提成分配，C类人员对公司价值大小不一样，他们享受的年终奖总额不同，所以可对C类进行C1、C2、C3等的分类。

3. 确定各类人员薪酬结构

企业可确定薪酬结构由月标准工资、津贴、年终奖、提成、其他分别组成。其中标准工资包含岗位工资和绩效工资。

A类：年薪。

B类：标准工资（岗位工资+绩效工资）、津贴、提成、其他。

C类：标准工资（岗位工资+绩效工资）、津贴、年终奖、其他。

4. 制定薪酬预算的方法和内容

依据企业年度经营目标、历史工资水平、企业绩效管理办法、最高/考核/最低毛利额目标值、各类人员的年薪总额收入相对比例（比如年薪占工资总额的比例）、工资总额的计提比例（工资总额与毛利额的比例）等数据测算确定各类人员的薪酬总额的预算。

薪酬总额预算内容：标准工资总额、津贴总额（住房、电话、出差等）、其他（加班、福利等）总额、提成、年终奖。

津贴、其他类的总额预算是企业相对固定的支出，不与企业的效益直接相关，可对这两项的支付单独做预算。薪酬预算主要是测算工资总额（标准工资、提成、年终奖）的分类预算，工资总额预算的确定是依据毛利额的一定比例 R（工资计提比例）提取的，体现员工与企业同享成功、共担风险。

标准工资总额预算方法有以下两种。

（1）自上而下地测算。依据工资总额预算（R 与毛利额计算出来）减去年薪制人员薪酬总额、提成类人员的提成总额、年终奖总额，余下部分即为标准工资总额，基于此再确定 A/B/C 类人员的工资占比。

（2）自下而上的测算。参照历史工资水平、市场水平、历史 A/B/C 类人员的工资占比来确定 A/B/C 类人员的年度总额进行标准工资总额预算。

> **小提示**
>
> 这两种计算方法都需要反复多次的测算讨论才能确定一个合理的薪酬预算总表。特别对于第一次做薪酬预算的企业。

5. 各类人员的薪酬总额预算

（1）年薪类人员依据企业年度经营的最高/考核/最低目标，确定最高/考核/最低的年薪发放总额。依据年薪制岗位的重要性确定合理的标准年薪。

$$实际年薪 = 完成经营业绩对应的标准年薪 \times 个人年度考核得分/100 \times 个人年度在岗月数/12$$

注：考虑年度经营业绩的延续性和年薪制的统一性，经营业绩完成的，不在岗三个月内视为在岗 12 个月，三个月以上的按照实际在岗月数计算；经营业绩未完成的，按照实际在岗月数计算。

（2）提成类人员依据 B 类人员现有的职务、标准工资总额、年度薪酬水平、B 类《提成类人员管理办法》、公司业绩目标，分别测算出不同级别 B 类人员的全年薪酬总额。

（3）C 类人员的标准工资总额依据历史平均值和增长比例确定。重点是确定 C 类人员年终奖总额预算。为了体现年终奖与企业效益挂钩，可依据经营业绩确定年终奖总额。

第六章
薪酬优化,控制成本

第一节 薪酬优化的认知

一、薪酬成本控制的意义

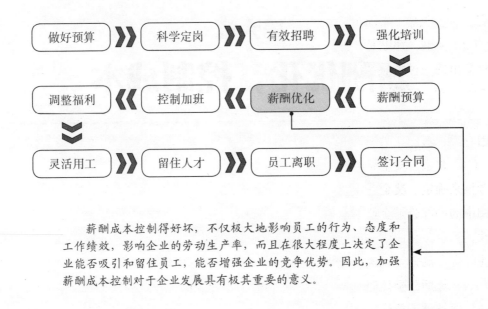

薪酬成本控制得好坏,不仅极大地影响员工的行为、态度和工作绩效,影响企业的劳动生产率,而且在很大程度上决定了企业能否吸引和留住员工,能否增强企业的竞争优势。因此,加强薪酬成本控制对于企业发展具有极其重要的意义。

二、薪酬成本的构成

按照薪酬成本是否直接表现为员工个人的收入,可把薪酬成本分为外在薪酬成本和内在薪酬成本,如图6-1所示。

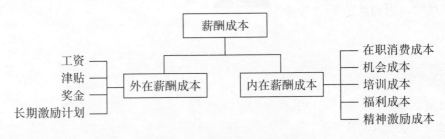

图6-1 企业薪酬成本的构成

1. 外在薪酬成本

外在薪酬成本是指因向员工支付薪酬给企业带来的成本，包括工资、津贴、奖金和长期激励等。

（1）工资。工资是员工可以定期拿到的、数量固定的劳动报酬。一般来说，工资主要根据员工的资历条件和企业情况预先确定，在一定时期内相对稳定，是员工的一个稳定收入来源。工资是薪酬中最重要的组成部分和最基础的部分，工资设计得好坏关系到整个薪酬体系的最终实施效果。

另外，工资具有固定性，不能与企业经营业绩挂钩，不会随着企业效益的改变而改变，对企业是一项固定成本。

（2）津贴。津贴是企业对员工在特殊劳动条件下所付出的额外劳动消耗和生活费额外支出的一种物质补偿形式，如高温津贴、山区津贴等。津贴作为一种薪酬，具有弹性大、有一定激励作用等优点，可以用于给员工各种与业绩无关的临时性补助。

然而，津贴本质上属于固定薪酬，与企业效益和个人业绩没有直接挂钩，其激励作用有限，只能作为工资的补充，并需要与其他薪酬因素结合起来使用才行。

（3）奖金。奖金是给员工超额完成企业下达的任务的一种奖励，一般以财务指标的考核来确定。奖金计划一般与相对较短期间内的企业效益或个人业绩直接挂钩，使薪酬中的一部分随企业效益或个人业绩变化而变化，因而使企业的薪酬成本变得具有弹性，当企业经济效益或员工业绩不佳时，可以获得自动的薪酬成本削减，从而提高企业的生存能力。

（4）长期激励计划。长期激励计划通常通过股权激励来实现，使员工分享企业的成功，促进员工关注企业长期发展的行为，有利于防止员工的短期化行为，使员工利益与股东利益协调一致。

比如，薪酬性的股票期权、股票升值权、限制股票、延期股票发行、员工持股计划等是几种行之有效的股权激励方案。

股权激励通过使员工在一定时期持有股权，享受股权的增值收益，并在一定程度上承担风险，因而能使员工像股东一样考虑问题，在经营过程中更多地关心企业的长期价值。

> **小提示**
>
> 工资、津贴、奖金和长期激励计划都有其内在的优点与不足，它们各司其职，具有相对独立性。企业只有将它们有机地结合起来，确定好恰当的比例，才能充分调动员工的积极性，取得最佳的效果。

2. 内在薪酬成本

内在薪酬成本是指员工在企业享用到的报酬及员工的低效率损失给企业带来的成本，包括在职消费成本、机会成本、培训成本、福利成本及精神激励成本。

（1）在职消费成本。在职消费成本主要是指员工在用车、住房、招待费、差旅费等方面的支出。一般根据员工的级别、职位赋予不同级别的在职消费。在职消费能提供员工对企业的归属感，能使员工产生一种强烈的精神效应。

但是，在职消费由于涉及各种招待费、差旅费等的报销，如果企业内部控制制度不完善，容易使企业承担不必要的高额在职消费成本。

（2）机会成本。机会成本，是由于员工的低效率而给企业带来的损失，包括员工的物耗损失、生产不合格产品的损失、延误产品完成期限给企业带来的损失、劳动生产率低下给企业带来的损失、员工的态度不积极、对企业不忠诚，导致丧失各种机会而带来的损失等。

一般来说，企业的机会成本在一定范围内，随企业的报酬水平的增加和报酬结构的合理化而下降。很多事实表明，在员工报酬水平过低的企业，其机会成本往往较高，从而使企业的整体薪酬成本并不低。建立企业激励机制的目的，是用增加较小数量的薪酬，来降低更大数量的机会成本，从而使企业的薪酬成本最优。

> **小提示**
>
> 只有考虑了企业的机会成本以后的薪酬成本，才能真正体现企业实际在员工报酬方面承担的成本，才能使企业的经济效益最大化。

（3）培训成本。培训成本是企业培训员工而给企业带来的成本，主要包括资料费用、指导和培训费用、受训者在培训期间的外在薪酬成本和业绩差别成本。这里的业绩差别成本是指受训者在培训期间导致的原岗位生产效率的损失。

培训着眼于提高人的素质，而人正是企业最根本的竞争优势。培训成本对于吸引和留住员工、提高员工素质、加强企业竞争优势和可持续发展能力具有十分重要的意义。

（4）福利成本。福利，是为了吸引员工到企业工作或根据需要而设计的作为工资补充的一系列措施或实物的总和，包括法律规定的福利项目（如养老保险、医疗保险、失业保险、工伤保险、住房公积金等）和企业自主的福利项目（如人身意外保险、旅游、工作餐、带薪休假等）。

良好的福利对企业发展的意义非常重大，一方面可以吸引和留住员工；另一方面还可以体现企业的特有文化，使员工感受到企业作为一个"大家庭"的温暖，从而产生对企业的归属感和忠诚心,增加企业凝聚力,提高员工士气。

(5)精神激励成本。精神激励成本,是指企业给员工进行象征性奖励、让员工参与企业决策、与员工进行感情沟通、对员工进行表扬等精神激励,而给企业带来的成本。

员工既有物质上的基本需要,又有精神上被尊重、被爱护和发展个人潜力等需要。恰当地使用精神激励方式,可以使企业花费较低的成本,达到比薪酬激励更好的激励效果。合理地将物质奖励与充分的精神鼓舞结合起来,可以让员工觉得工作既有趣味又能保障生活,能使薪酬成本的效益最大化,让企业的薪酬成本效益比最小化。

三、影响薪酬成本的因素

要想更好地控制企业薪酬成本,有必要先了解影响企业薪酬成本的因素。一般来说,影响企业薪酬成本的因素主要有图6-2所示的几种。

图 6-2 影响企业薪酬成本的因素

1. 企业所属的行业

所谓行业,就是指经营方式以及产品和服务性质相同的企业群体。同一行业的企业,是企业人才的竞争对手,这些企业所要求的人才往往差不多,从而企业为吸引和留住人才,一般要参照行业惯例来给付薪酬,从而企业的薪酬策略、员工的薪酬水平和结构,往往因行业而异。

2. 企业的薪酬政策

薪酬政策是指工资等级、工资幅度、加薪基础、薪酬要素、付薪的机密性、小时工资率、加班、休假、工作时间等各个方面,强调的是支付标准和与竞争性企业的相对高低及差异。

薪酬政策规定的薪酬水平,直接决定企业的外在薪酬成本,企业薪酬政策规定的薪酬水平越高，企业的外在薪酬成本也越高；薪酬政策规定的薪酬支付依据，影响企业的外在薪酬成本的结构，如薪酬政策按员工绩效支付薪酬，则企业的外在薪酬成本中绩效薪酬所占有的比重就高。

3. 企业规模

企业规模影响企业的外在薪酬成本，因为企业规模可以反映企业内部结构的复杂性，规模大的企业的员工特别是管理人员所从事的工作更为复杂，对他们的工作能力有更高的要求，所以企业只能支付较高的薪酬，来吸引和留住人才，从而提高企业的外在薪酬成本。

4. 企业的获利能力

企业的获利能力，包括当期和长期以来的获利能力，企业的获利能力可以用净利润、净资产收益率、总资产收益率等指标来衡量。

获利能力较强的企业，其能承受的薪酬成本较高，企业可以用较高的薪酬水平来吸引和留住优秀的人才；获利能力强的企业为吸引和留住人才，可以采取较大比例的固定薪酬，其员工对企业也充满信心，更愿意持有企业的股票或股份，从而企业实行长期激励对员工的激励效果较好。而获利能力较差的企业，对薪酬成本的承受能力较小，企业只能采取较低的薪酬水平，同时员工对企业也缺乏信心，员工不愿意持有企业的股票或股份，认为不太可能从中获利或获利太少，从而企业为增强薪酬的激励效果，只能采取奖金等短期激励手段。

5. 岗位性质

岗位性质是指该岗位层次的高低、责任大小、工作的复杂程度、任职资格要求的高低、工作环境是否危险等。

岗位的性质反映岗位的价值、岗位对企业的重要程度和对企业贡献的大小。企业先通过岗位分析，再对岗位的责任大小、工作强度、所需资格条件等特性进行评价，最后确定岗位的相对价值。

而岗位的价值是确定各岗位薪酬水平的基础，企业依据各个岗位的相对价值，合理确定各岗位的薪酬水平；而且企业在吸引人才时，根据岗位的要求选择合适的人才，从而使该员工的薪酬水平符合该岗位的薪酬水平。可见，岗位的性质影响企业的外在薪酬成本。

6. 企业所在地区的经济发展程度

企业所在地区的经济发展程度影响企业的外在薪酬成本。因为经济发达地区的生活费用较高，而薪酬作为员工的主要生活保障，要求能满足员工的日常开支需要，所以经济发达地区员工要求的薪酬水平要高于经济欠发达地区的薪酬水平,从而企业的外在薪酬成本较高。

7. 资本市场的发展情况

资本市场的发展情况,影响企业的外在薪酬成本及其结构。资本市场发育不完善,股票的价格难以反映企业的经营状况,企业难以根据股价的高低变动来考核经营管理者的业绩,从而使经营管理者的薪酬无法与其业绩真正挂钩,限制了企业对股票、股票期权等长期激励计划的实施,从而影响企业的外在薪酬成本及其结构。

8. 企业文化

企业文化主要影响企业的内在薪酬成本。企业文化反映企业管理层的理念,企业文化决定一个企业如何看待它的员工,企业文化思想渗透在企业的培训制度、晋升制度、在职消费制度、精神激励制度等管理制度中,从而影响企业的内在薪酬成本,特别是企业的培训成本、精神激励成本和机会成本。

比如,企业文化体现"以人为本"的思想,重视员工内部开发和晋升,则企业对内部员工的培训会较多,员工也有较多的晋升和发展机会,那么企业的培训成本、晋升成本就会增加,但通过加强企业文化建设,提高了员工的素质和对企业的忠诚度,从而提高了员工的劳动生产率,减少企业的机会成本,降低企业的内在薪酬成本总额。

9. 企业的内部控制

企业的内部控制影响企业的福利成本和在职消费成本。这是由于大部分福利项目属于非货币性报酬,会涉及实物,而实物的质和量都易给舞弊行为带来机会;在职消费成本也会涉及各种招待费、差旅费等费用的报销,易引起弄虚作假、假公济私等行为的发生。如果企业没有良好的内部控制程序和制度,员工之间缺乏相互监督和控制,就会加大企业的内在薪酬成本。

10. 企业人才流动率

企业人才流动率主要影响企业的内在薪酬成本,特别是企业的培训成本。因为一般企业都要对新员工进行企业文化方面、制度方面等的培训,以熟悉企业的价值观等,人才的流动率太高,就浪费了这方面的培训费用;对有些岗位,新员工不能立即胜任和熟悉新岗位,往往需要新员工培训和实习,这样人才的流动率太高,使企业的培训成本升高。如果掌握企业关键技能的稀缺员工流失会使企业的正常运营发生困难,企业又不能从市场上找到合适的人才,那么企业不得不花费高额的专业技能培训费,对其他员工进行相关培训,加大了企业的培训成本。

11. 员工结构

员工结构包括员工的人数和员工的特征。员工的特征，包括员工的性别、爱好、学历、知识、经验、技能等。

员工人数影响企业的外在薪酬成本和内在薪酬成本，因为企业的报酬成本等于企业所有员工的报酬之和，降低企业的员工人数，特别是降低高级管理人员的人数（因为其薪酬水平、在职消费水平等都很高，往往是普通员工的好几倍），可降低企业的报酬成本；但降低企业的员工人数，可能也会使企业的劳动生产率下降，从而使企业的机会成本上升，使企业的薪酬成本并不一定下降，所以企业要权衡利弊，使薪酬成本最低。

12. 人才市场的竞争

人才市场的竞争是指人才在市场上的供求情况。当某类人才供不应求时，企业之间为了争夺此类人才，纷纷抬高薪酬。此时，不但新引进此类人才的薪酬很高，企业原来的此类员工的薪酬也得提高，否则他们会"跳槽"，从而提高了企业的外在薪酬成本；反之，当某类人才供大于求时，企业可以花较低的外在薪酬成本来引进和留住他们。

13. 有关法律法规

国家和地方政府有关工资、劳动用工方面的法律、法规、政策和规章制度，也会影响企业的薪酬成本及其结构。

第二节
薪酬优化的实施

一、建立可变薪酬体系

可变薪酬体系，就是让员工薪酬与企业效益和个人业绩挂钩，按业绩和竞争优势支付薪酬，这样能使企业薪酬成本具有弹性，并能调动员工的积极性，提高员工的生产率，从而控制企业的薪酬成本。

根据企业薪酬成本中绩效薪酬成本的比重，企业的薪酬模型分为如图6-3所示的两种类型。

高弹性的薪酬模型	高稳定性的薪酬模型
在整个薪酬成本中，绩效薪酬所占的比例很高，固定薪酬所占的比例很低，企业薪酬成本弹性较大，员工的薪酬与业绩密切相关，对员工的激励性较强，但是员工收入的波动性很大	在整个薪酬成本中，固定薪酬所占的比例很高，绩效薪酬所占的比例很低，企业薪酬成本弹性较小，员工收入波动性较小，但激励能力较低，容易导致员工积极性不高，甚至使优秀员工"跳槽"

图 6-3　企业的薪酬模型

可见，高弹性和高稳定性的薪酬模型，各有优缺点。因此，企业在确定员工的绩效薪酬比重时，应该考虑其自身的获利能力和规模大小，选择适合自身的薪酬体系。

 相关链接

有效薪酬体系的标准

1. 有合理的薪酬水平

影响企业薪酬水平的因素有多种。从外部看，国家的宏观经济、通货膨胀、行业特点和行业竞争、人才供应状况甚至外币汇率的变化，都对企业的薪酬定位和工资增长水平有不同程度的影响。在企业内部，盈利能力和支付能力、人员的素质要求是决定薪酬水平的关键因素。企业发展阶段、人才稀缺度、招聘难度、市场品牌和综合实力，也是重要的影响因素。但需要明确的是，企业必须有明确的薪酬水平定位并持之以实践之（但要注意权变）。

（1）员工的薪酬水平应合乎公司需要及业界行情。

（2）工资定位（含奖金）必须符合行业特点并有一定竞争力。

（3）奖金的比例与浮动比率必须合适，特别要区分岗位的差异。

2. 有公平公开的薪酬制度

企业薪酬制度能有效地发挥作用，需要在制度设计和执行时能很好地保证以下几点。

（1）基本薪酬必须依职务（工作）来划分、评估。

（2）薪酬与员工自己辛苦的付出相对应，这包括岗位、效率、能力等方面。

（3）兼顾学历、年资与岗位，三者之间如何取舍，与企业积淀的文化和主要管理层的取舍有关。

（4）同工同酬：相同的工作，取得相同报酬的机会均等。

（5）起薪要有一定的公开标准，各种常态性的福利也需要有公开的标准。

（6）调薪要有明确的政策和周期。

（7）任何薪酬的变动皆有标准可依。

（8）平衡新员工与老员工工资（类似工作），某些企业中新员工的工资经常远低于老员工，而有些企业却反之，两者皆不可取，这需要在企业评估薪酬水平时考虑建立新老人的平衡机制。

3. 有积极有效的奖金和福利制度

奖金必须设置相对合理，各部门之间的奖金必须基本平衡，在保证此前提下，需要注意以下五点。

（1）日常奖金：需与员工本身效率的提升及部门绩效相关。

（2）专项奖金：视特殊情况而定，不宜过多并且需以事前审批方案者为主。

（3）年终奖金：应该逐渐朝固定的做法制定方案（例如年终奖金额为基本工资的2倍或3倍）。

（4）员工红利：企业利润共享计划，将获利回馈员工，特别是高层主管，公司利益必须与主管息息相关。

（5）福利：员工可能需求的福利项目，规定在某一定金额下，福利项目由员工挑选，并将该福利项目纳入薪酬所得，一方面保持一定水准薪酬；另一方面，福利项目多样化，对内或是对外，皆可得到好名声。

4. 有公开公正的晋升体系

员工的升迁与个人的薪酬密切相关，因而建立一套成熟完善的职务体系与薪酬系统运作的有效性密切相关。

（1）重视能力，提倡业绩。

（2）避免以年资及"拍马屁"为晋升的依据，让有能力及绩效高的员工能够快速地得到晋升。

（3）建立公平客观的绩效管理制度。

（4）建立公司重视人才的氛围，使优秀的人才能够留住。

（5）创造人才储备和晋升的环境。

（6）在必要的时候也可因人设岗位，但要避免成为常态。

（7）将员工的培训与学习与晋升制度结合，一方面，让员工有不断学习的机会；另一方面，员工因学习而使能力提升，从而获得晋升，人才得以留住，最终公司获益。

（8）鼓励员工在职学习与进修，并给予相应补助。

二、合理分析和评价岗位价值

员工的薪酬都是与自己的工作岗位所要求的工作内容、工作责任、任职要求等紧密相连的。因此,科学而合理地分配薪酬必须与员工所从事工作岗位的内容、责任、权利、任职要求所确立的该岗位在企业中的价值相适应。这个价值是通过科学的方法和工具分析得来的,它能够从基本上保证薪酬的公平性和科学性,也是破除平均主义的必要手段。

岗位评价是在对企业存在的所有岗位的相对价值进行科学分析的基础上,通过分类法、排序法、要素比较法和要素点值法等方法对岗位进行排序的过程。

岗位评价是新型薪酬管理体系的关键环节,要充分发挥薪酬机制的激励和约束作用,最大限度地调动员工的工作主动性、积极性和创造性,在设计企业的薪酬体系时就必须进行岗位评价。

1. 岗位评价的方法

岗位评价的方法有许多种:工作排序法、职务分类法、因素比较法、要素计点法、海氏三要素评估法等。而这些方法都是基于报酬要素来量化排列的。企业根据自身的情况,选择其一进行,如表6-1所示。

表6-1 常用的报酬要素

序号	要素种类	具体说明
1	与技能有关的要素	(1) 智力、智力运用能力、创新能力、分析能力、判断力、心理素质、多才多艺 (2) 身体或机械技能、做详细工作的能力、做常规工作的能力、办公室工作技能、身体灵活性 (3) 教育、技术要求、工作准备、必要的教育和知识、基本知识和经验、培训经历、过去的经验 (4) 自我表现能力、人际关系能力、社会技能、管理技巧、决策能力
2	与职责有关的要素	(1) 行政职责、人事职责、监督职责、财务职责、市场责任、质量职责、数量职责 (2) 责任的复杂性、错误的影响、对企业决策的影响、对其他工作的影响 (3) 准确性的要求、与他人接触的要求、与公众和客户的接触、对合作的要求 (4) 材料、设备、方法
3	与努力有关的要素	工作困难、工作压力、身体或精神疲劳、工作量、注意力集中程度、精神努力、身体努力、肌肉或神经紧张、眼睛紧张造成的劳累
4	与工作条件有关的要素	工作条件、劳动条件、自然环境、心理环境、个人危险、单调性、长期出差、职业病、机器或设备危险、工伤事故危险、抬举重物的危险

2.岗位价值模型

在实际工作中,要衡量出企业中众多岗位的价值和它们之间的相对重要程度不是那么容易,但如果建立了一个企业的岗位价值模型,则这个问题就能获得系统、有效的解决。

企业的岗位价值模型建立好后,根据该岗位价值模型对这些岗位分别进行价值评估,再根据评估所得分数的高低来进行排序,从而确定这些岗位的价值和相对的重要程度。

3.岗位评价的结果

岗位评价最后应形成评价结果,有了这份岗位评价结果,企业就可以因事设岗,而不是因人设岗,就可以比较合理地确定各岗位的薪酬,根据各岗位的任职资格招聘符合岗位要求的员工,实现以岗定薪,岗变薪变,最大限度地发挥薪酬激励的效能。

三、加强企业文化建设

薪酬管理与企业文化、企业形象建设相得益彰。薪酬管理意在启动企业内部的物资发动机,企业文化建设意在启动企业内部的精神发动机。优厚的薪酬可以吸引和留住优秀人才,而加强企业文化、企业形象建设,内聚人心,外塑形象,增强企业的竞争力和对人才的吸引力、凝聚力,使薪酬管理获得优良文化的强有力支撑。

在企业文化建设中,应注意图6-4所示的几点。

要点一 企业文化建设与创新相结合

> 当代经济社会的发展,创新成为关键环节,而创新与风险相伴而行,这就需要营造一种鼓励创新、积极向上的开拓性企业文化,以形成不畏风险、勇猛精进的良好氛围

要点二 企业文化建设与现代企业制度有机结合

> 企业文化建设是制度创新的重要内容,也是企业持续、健康发展的重要保证。企业文化建设,要与相应的薪酬制度、考核制度、奖励制度和晋升制度等相结合

要点三 企业文化建设与建立学习型组织相结合

> 学习型的企业文化,能培养员工的自学能力,减少企业技能培训的费用,提高员工的劳动生产率,从而控制企业的内在薪酬成本

| 要点四 | 企业文化建设与人力资源开发相结合 |

在企业文化建设中,要注重员工对企业忠诚度的培养,注重对员工的价值理念的提升,重视团队精神的培养,使企业内部形成上下一致的价值观;注重员工的素质提高,关注个人才能的发挥,提高员工的工作积极性和劳动生产率,减少企业的机会成本和员工的流失率,降低企业的内在薪酬成本

图 6-4　企业文化建设的要点

四、健全企业内部管控机制

企业的内在薪酬成本,特别是在职消费成本和福利成本,受企业内部控制的影响很大。企业通过健全的内部控制,可以防止工作上的差错和舞弊行为的发生,提高管理的效果和效率。企业通过建立和完善厂务公开制度,增强在职消费的透明度,来规范和控制员工特别是经营管理者的在职消费成本。通过对雇用的选择、解雇、提升等手段对代理人进行约束,进而控制代理人的行为。约束机制应与激励机制相结合,才能取得好的效果。

五、控制人才流动率

虽然合理的人才流动率可以促进员工间的竞争,提高企业的运作效率,但非企业意愿的人才流动却会给企业带来消极影响,导致企业商业机密、客户关系等方面的损失,给企业带来高额的成本和不良的影响,还会增加企业的培训成本。因此,企业应该尽量减少非企业意愿的员工流失,控制企业的人才流动率,从而控制企业的薪酬成本,具体措施如图 6-5 所示。

企业要以岗位的要求为标准引进合适的人才,保证企业引进的人才在企业能够"人尽其才"。因为如果企业盲目引进大量高技能、高学历的人才,不但增加了企业的薪酬成本,而且这些人才在企业无用武之地,得不到施展才华的机会,引起这些人才的流失

要建立合理的薪酬结构和绩效考核制度,如加大绩效薪酬的比例,以合理拉大员工之间的薪酬水平,激励优秀的员工,从而减少优秀员工的流失

要加强企业文化建设,提高员工对企业的忠诚度和归属感,从而减少员工的流失

图 6-5　控制人才流动率的措施

六、强调员工报酬差异化

企业应考虑自身的获利能力、岗位的性质、人才市场上的竞争情况和员工的特征等,对企业内部不同岗位、同一岗位不同员工采取不同的报酬,以激励员工的工作热情,提高其劳动生产率,降低企业的薪酬成本。

员工报酬的差异化可分为对外的差异化和内部的差异化。

1. 对外的差异化

对外的差异化体现在以下两方面:一是体现在不同岗位的报酬水平的差异上。企业根据岗位对企业价值的大小,确定不同岗位的薪酬水平、培训机会和在职消费等;二是体现在不同岗位的薪酬结构的差异上。企业根据不同岗位的特点,对不同岗位,设计不同的薪酬结构,以提高员工的工作积极性,降低企业的薪酬成本。

2. 内部的差异化

内部差异化则考虑到员工特性的差异性,针对员工的经验、知识、能力、贡献等状况评估符合个人的薪酬、培训、晋升机会等。如不同员工的差异化培训对于企业的高价值和高独特性的核心员工进行战略上培训开发,加大投资力度,特别培训开发其特定于企业的独特技能,为完成培训工作,可以制定详细的员工职业生涯规划,并监督该规划的实施,以鼓励员工建立更有利于本企业而不是其他企业的个体化学习;对于非核心员工,企业对其的技能培训较少,而是直接通过从市场上获得合格技能的员工,对其主要着重于加强观念的培训,特别是企业价值文化的培训,以加强其对企业的忠诚度。

七、设计合理的薪酬结构

一般而言,企业的薪酬结构都是多元化的,这些多元化的构成包括岗位工资、加班工资、绩效工资、福利津贴等。很多企业甚至将它划得很细,包含多个层次及多个项目。每个企业对薪酬概念的理解不同,对薪酬构成的划分也不尽相同。

一般来说,企业的薪酬构成没有对错之分,只有优劣之分。企业的薪酬构成一般包含2~4个层次,如图6-6所示。

第六章 薪酬优化，控制成本

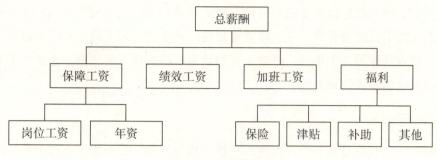

图6-6 薪酬的构成

1.岗位工资

岗位工资是员工薪酬构成中最基本也是最重要的单元，岗位工资是确定其他工资的基础。一般来讲，绩效工资、加班工资等都是以岗位工资为基础来进行计算的。

通常情况下，岗位工资是相对稳定的，这种稳定会维持2～3年或者更长的时间，维持岗位工资的稳定有助于企业薪酬总额的控制及日常薪酬管理。

2.年资

年龄工资（简称年资）是指随着员工工作年限增长而变动的薪酬部分。年资是对长期工作员工的一种报酬奖励形式，其目的是承认员工以往劳动的积累，激励他们长期为企业工作。年资是薪酬结构的辅助单元，一般企业年资的设计也比较简单，通常采用递增法来设计年资。如图6-7所示的就是某企业年资设计方案。

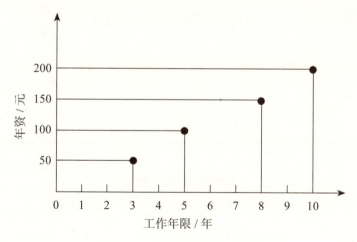

图6-7 某企业的年资设计方案

11～15年：280元/年。16～20年：380元/年。21～30年：500元/年。30年封顶

3.绩效工资

绩效管理是人力资源管理活动中一个非常重要和基础的工具。现代绩效管理正朝

着激励员工不断地创造优秀业绩的方向发展。绩效管理已经演变为一门科学，越来越多的企业正在引入绩效管理系统，绩效管理这一科学的管理工具也发挥着越来越重要的作用。绩效管理的方法不同，绩效工资的计算方法也将有所区别，企业可根据实际情况选择有效的绩效管理方法。

4. 加班工资

一般将法定节假日和公休日内进行工作，称为加班；在标准工作日内的标准工作时外进行工作，称为加点。但习惯把加班和加点统称为加班。加班加点工资是指因加班加点而支付的工资。

5. 福利

良好的福利对企业发展的意义非常重要，一方面可以吸引外部的优秀人才；另一方面还可增加企业凝聚力，提高员工士气。许多企业越来越清晰地认识到，良好的福利有时比高工资更能激励员工。为员工创造良好的福利是企业以人为本经营思想的重要体现，也是政府一直所大力提倡的。

福利从性质上可分为强制性福利和非强制性福利两种；从员工属性上又可分为个人福利和公共福利两种。强制性个人福利是指国家法律法规明确规定的各种福利，包括养老保险、失业保险、医疗保险和工伤保险等。个人福利是各个企业为充分调动员工的积极性而主动设置的一些激励项目，一些企业向员工提供个人福利与员工的层级和岗位有关，但大多数员工都可享有其中一项或多项，这些项目包括住房津贴、交通津贴、电话津贴、外出旅游、餐费津贴和各种节假日的过节费等。

下面提供一份××公司薪酬体系设计方案的范本，仅供参考。

薪酬体系设计方案

1. 目的

制定本方案的目的在于充分发挥薪酬的作用，对员工为公司付出的劳动和做出的绩效给予合理补偿及激励，同时为体现不同岗位工作性质与特征的差异，对公司不同人群进行有针对性的薪酬设计。

2. 适用范围

适用于公司内所有正式员工，除另行有专门规定者外均依本方案实施。

3. 管理规定

3.1 薪酬总额

3.1.1 薪酬总额预算

3.1.1.1 公司在实行工效挂钩的基础上，对薪酬总额进行控制。每年薪酬总额不能超过营业收入总额的预算比例，且薪酬总额的增长幅度低于营业收入总额的增长幅度。

3.1.1.2 财务部、人事行政部根据本年度的营业收入（销售收入、资金回收、利润情况等）、薪酬总额以及下一年度的经营计划及人力资源规划情况，对各职系中各职等和薪档的薪点数进行调整及确定；通过对下一年度各职等和薪档人数的预计，做出下一年度的薪酬预算。

3.1.1.3 薪酬预算根据公司年度经营目标按以下比例进行总额预算控制，报经总经理审核并批准后执行。

年度经营目标/元	3千万以内	3千万~1亿	1亿~3亿
薪酬总额预算比例/%	15	13	12

注：1. 薪酬总额包括工资、提成、奖金、加班费、社保、公积金。

2. 根据公司的发展定期对此表中的薪酬总额预算比例与年度经营目标的对应关系进行调整。

3.2 职系分类与薪酬结构

3.2.1 职系职类

3.2.1.1 管理职系：分为经营类、管理类、督导类三个职类。经营类包括总经理、副总经理；管理类包括经理级别职位；督导类包括主管级别职位。

3.2.1.2 营销职系：分市场拓展类、销售业务类、业务支持类三个职类。市场拓展类包括行业经理、市场专员；销售业务类包括销售工程师；业务支持职类包括跟单员。

3.2.1.3 技术职系：分为产品类、研发类、工程类、质量类四个职类。产品类包括产品工程师和技术支持工程师；研发类包括软件工程师、嵌入式软件工程师、单片机软件工程师、硬件工程师、测试工程师、结构工程师；工程职类包括PE工程师、IE工程师；质量类职位暂时空缺。

3.2.1.4 专业职系：分为财务人资类、计划物控类、事务文职类三个职类。财务人资类包括总账会计、成本会计、培训专员；计划物控类包括生产计划员、采购员、仓管员；事务文职类包括人事文员、技术文员、前台文控。

3.2.1.5 制造职系：分为检验类、作业类两个职类。检验类包括进料检验员、制程检验员、成品检验员；作业类包括现场组长、维修作业员、测试作业员、组装作业员。

3.2.2 年薪制及薪酬结构

3.2.2.1 年薪制：适用于管理职系的经营职类和管理职类、营销职系市场拓展职类中的行业经理。根据公司每年下达的经营目标和各职能领域目标，依据承担的业务领域范围、工作责任、工作风险、工作复杂性与难度等要素，确定年薪的额度。

3.2.2.2 年薪制薪酬组成

适用职类	薪酬组成
经营职类	月度基本年薪＋月度绩效年薪＋效益年薪＋超额年薪＋福利
行业经理 大区总监 办事处经理	月度基本年薪＋月度绩效奖金＋效益年薪＋业绩提成＋福利

3.2.3 职能绩效工资制及薪酬结构

3.2.3.1 职能绩效工资制：以岗位对公司的相对贡献价值，即职位价值确定薪等，以员工任职能力高低确定薪级，以员工的劳动成果和工作绩效为依据支付劳动报酬。

3.2.3.2 职能绩效工资制薪酬组成：基本工资、职务工资、技能工资、保密工资、绩效奖金、专项奖金、业绩提成、福利。

3.2.3.3 各职类职能绩效工资制薪酬结构。

适用职类	薪酬结构
管理、督导职类	（基本工资＋职务工资＋保密工资）＋绩效奖金＋福利
销售业务职类	（基本工资＋技能工资＋保密工资）＋绩效奖金＋业绩提成＋福利
研发技术职类	（基本工资＋技能工资＋保密工资）＋绩效奖金＋研发项目奖金＋福利
其他职类	（基本工资＋技能工资＋保密工资）＋绩效奖金＋福利

3.3 年薪制薪酬计算方法

3.3.1 经营职类年薪制

3.3.1.1 经营职类的年薪结构：月度基本年薪＋月度绩效年薪＋效益年薪＋超额年薪＋福利。经营职类个人年薪总额计算公式为

经营职类个人年薪总额＝经营职类年薪基数×责任系数×经营目标系数

3.3.1.2 经营职类个人年薪计算方法。

（1）经营职类个人年薪总额包含月度基本年薪、月度绩效年薪、效益年薪，其

中月度基本年薪占年薪总额的50%，月度绩效年薪占年薪总额的25%，效益年薪占年薪总额的25%。

（2）月度基本年薪、月度绩效年薪分解至月度进行核算与发放，月度绩效年薪与当月绩效考核成绩挂钩，其计算公式为

经营职类月度工资收入=（月度基本年薪总额÷12）+（月度绩效年薪总额÷12）×当月绩效等级系数

（3）为了统一薪酬数据核算格式，经营职类月度基本年薪按薪点表对应薪点分解为基本工资、职务工资和保密工资。

（4）效益年薪根据任职者与公司签订的目标责任书，以年度各项绩效指标的完成状况和述职评估得分进行核算。计算公式为

经营职类效益年薪收入=效益年薪总额×年度绩效系数×经营效益系数×任职时间系数

3.3.1.3 经营职类年度绩效系数（以 I 代替）。

年度绩效分数	年度绩效系数
$I \geqslant 100$	当公司利润目标达成，且公司经营效益系数大于1时，计发超额年薪
$100 > I \geqslant 95$	1.2
$95 > I \geqslant 90$	1.1
$90 > I \geqslant 85$	1.0
$85 > I \geqslant 80$	0.9
$80 > I \geqslant 75$	0.8
$75 > I \geqslant 70$	0.7
$70 > I \geqslant 65$	0.5
$65 > I \geqslant 60$	0.3
$I < 60$	0

（1）任职时间系数=实际任职天数÷应任职天数（注：实际任职天数从转正当日开始计算，试用期期间不计效益年薪）。

（2）公司经营效益系数计算方法。

公司经营效益系数=销售目标达成率×40%+毛利目标达成率×40%+回款目标达成率×20%

① 销售目标达成率=实际销售额÷目标销售额×100%。

② 毛利目标达成率=实际毛利额÷目标毛利额×100%。

③回款目标完成率＝实际回款金额÷计划回款金额×100％。

④当销售目标达成率≤30％时，经营绩效系数＝0。

3.3.1.4 经营职类超额年薪计算方法。

（1）超额年薪为公司经营目标达标后奖励超额完成工作业绩的经营职类人员。公司经营效益系数小于1或毛利目标达成率未达100％以上时，不计发超额年薪。

（2）当公司利润目标达成，且公司效益系数大于1时，为经营团队计发超额年薪。超额年薪计算公式为

超额年薪收入＝个人年薪总额×（公司效益系数－1）×（年度绩效系数－1）×任职时间系数

3.3.2 行业经理、大区总监、办事处经理年薪制

3.3.2.1 行业经理、大区总监、办事处经理的年薪制结构为：月度基本工资＋月度绩效奖金＋效益年薪＋业绩提成＋福利。个人年薪总额计算公式为

行业经理个人年薪总额＝行业经理年薪基数×行业系数×业绩目标系数

大区总监个人年薪总额＝大区总监年薪基数×区域系数×业绩目标系数

办事处经理个人年薪总额＝办事处经理年薪基数×业绩目标系数

3.3.2.2 行业经理、大区总监、办事处经理个人年薪计算方法。

（1）个人年薪总额包含月度基本年薪、月度绩效年薪、效益年薪，其中月度基本年薪占年薪总额的60％，月度绩效年薪占年薪总额的15％，效益年薪占年薪总额的25％。

（2）月度基本年薪、月度绩效年薪分解至月度进行核算与发放，月度绩效年薪与当月绩效考核成绩挂钩，其计算公式为

月度工资收入＝（月度基本年薪总额÷12）＋（月度绩效年薪总额÷12）×当月绩效等级系数

（3）为了统一薪酬数据核算格式，行业经理月度基本年薪按薪点表对应薪点分解为基本工资、技能工资和保密工资，大区总监、办事处经理月度基本年薪按薪点表分解为基本工资、职务工资和保密工资。

（4）效益年薪根据任职者与公司签订的目标责任书，以年度各项绩效指标的完成状况得分进行核算。计算公式为

效益年薪收入＝效益年薪总额×年度绩效系数×毛利系数×任职时间系数

3.3.2.3 行业经理年度绩效系数。

年度绩效分数	年度绩效系数
100＞I≥95	1.2

续表

年度绩效分数	年度绩效系数
$95 > I \geq 90$	1.1
$90 > I \geq 85$	1.0
$85 > I \geq 80$	0.9
$80 > I \geq 75$	0.8
$75 > I \geq 70$	0.7
$70 > I \geq 65$	0.5
$65 > I \geq 60$	0.3
$I < 60$	0

（1）任职时间系数＝实际任职天数÷应任职天数（注：实际任职天数从转正当日开始计算，试用期期间不计效益年薪）。

（2）毛利系数计算方法：

毛利率/%	毛利系数
45 以上	1.2
45 > 毛利率 ≥ 40	1.1
40 > 毛利率 ≥ 35	1.0
35 > 毛利率 ≥ 30	0.8
30 > 毛利率 ≥ 25	0.6
25 以下	0.3

注：公司在侧重于业绩增长而不是利润增长的时候，可以设计为只奖不罚。

3.4 职能绩效工资制薪酬计算方法

3.4.1 职能绩效工资的维度

3.4.1.1 职位。职位不同，所做的贡献、工作的难度以及所担负的职责和风险都不同，其工资必须有所区别。

3.4.1.2 任职能力。任职能力是指员工担任某职位所应具备的素质、知识、技能和工作行为的综合表现。

3.4.1.3 绩效。绩效是指员工实际达成的工作成果，以绩效考核为依据，绩效工资将随着考核成绩做上下浮动。

3.4.2 薪点表

3.4.2.1 根据行业薪酬水平及内部薪酬策略,确定公司的整体工资水平,设计"薪点表"。在"薪点表"上,某职位等级与某任职能力等级共同对应的薪点称为职能等级薪点。

3.4.2.2 职能绩效工资总额以公司的"薪点表"为标准,从"薪点表"获取的薪点,对应相应的工资,包括基本工资、职务工资或技能工资、保密工资、绩效奖金基数的四部分,是员工工资的总和。

3.4.3 职能绩效工资各类标准

3.4.3.1 从"薪点表"上获取的薪点包含本岗位的基本工资、职务工资或技能工资、保密工资和绩效奖金基数。

3.4.3.2 基本工资标准。

薪等	35~36等	37~38等	39~40等	41~42等	43等	44等
基本工资标准/(元/月)	1600	1700	1800	2000	2200	2500
薪等	45等	46等	47等	48等	49等	50等
基本工资标准/(元/月)	3000	3500	4000	4500	5000	5500

3.4.3.3 职务工资标准。

职务	总经理	副总经理	总监	经理	副经理	主管
职务工资标准/(元/月)	3000	2500	2000	1500	1000	500

3.4.3.4 技能工资标准。

单位:元/月

能力等级	市场拓展类	销售业务类	业务支持类	产品类	研发类	工程类	质量类	财务人资类	计划物控类	事务文职类	检验类	作业类
资深	3000	1800	1200	1800	3000	1800	1600	1600	1600	1000	800	800
高级	2000	1200	800	1200	2000	1200	1200	1200	1200	700	500	500
中级	1500	800	400	800	1500	800	800	800	800	400	300	300
初级	1000	500	200	500	1000	500	500	500	500	200	100	100
储备	500	200	0	200	500	200	200	200	200	0	0	0

3.4.3.5 保密工资:根据任职员工工作所涉及的重要信息、资料、数据的深入程度以及职位的重要性,分六个等级标准进行计算与发放。

保密工资等级	保密工资发放标准/（元/月）
一级	5000
二级	3500
三级	2500
四级	1500
五级	1000
六级	500

3.4.3.6 绩效奖金基数为薪点数减去基本工资、职务工资或技能工资、保密工资后的金额，例如某员工职位等级为40等5级，薪点为3600元，基本工资为1800元，技能工资为500元，保密工资为500元，则绩效工资为700元。

3.4.4 职能绩效工资制计算方法

3.4.4.1 当员工的职位与能力没有发生变化时，基本工资、职务工资或技能工资不变，实际绩效奖金则随每个考核周期的结果不同而变化。计算公式为

员工月度工资收入＝基本工资＋职务工资或技能工资＋（绩效奖金基数×个人绩效系数）

3.4.4.2 个人绩效等级相对应的个人绩效系数。

个人绩效等级	S	A	B	C	D
挂钩比例	1.2	1.0	0.8	0.5	0.2

例如：某员工的绩效基数为800元/月，当月绩效考核等级为S级，则该员工本月应得绩效奖金＝800×1.2=960（元）；某员工的绩效基数为500元/月，当月绩效考核等级为B级，则该员工本月应得绩效奖金＝500×0.8=400（元）。

3.4.5 职能工资的核算与发放

3.4.5.1 财务部负责公司员工工资核算。各部门按时提供相应的工资核算资料，如考勤表、绩效考核汇总表等，财务部将薪酬核算数据审核无误后，报总经理审批。财务部按审批后的工资表发放工资条及员工工资。

3.4.5.2 依据国家税收政策和员工所得工资额扣除相应个人所得税。社会保险每月从员工工资中扣除员工应交部分。

3.4.5.3 月薪发放日期：每月15日前发放，逢休息日、节假日顺延。员工如果对当月工资数额有异议，须于收到工资条2日内向人事行政部提交书面报告。人事行政部在5个工作日内调查清楚异议原因，并配合财务部做好更正工作，差额在下月工资中补发。

3.4.6 工龄工资

3.4.6.1 设置工龄工资是为了体现对老员工的尊重和重视，加强员工对公司的忠诚度。工龄工资按任职年限予以计算。

3.4.6.2 工龄工资计算标准：每年以30元/月为标准，逐年增加，员工入职满一年后，自第二年始计算工龄工资，员工中途离开公司后又进入公司者，按新员工处理。工龄超过十年的员工工龄工资不再增长。

3.4.6.3 工龄工资仅适用于主管级以下员工。当员工的职位发生变化，不符合工龄工资条件者，从职位变动当月起，取消工龄工资。

3.5 工资特区

3.5.1 工资特区适用范围

3.5.1.1 设立工资特区是为激励和吸引优秀人才，使企业与外部人才市场接轨，提高企业对关键人才的吸引力，增强公司在人才市场上的竞争力。

3.5.1.2 工资特区针对不适合年薪制、职能绩效工资制的特殊人才。其中包括：有较大贡献者、稀缺人才、顾问、特聘人才等。

3.5.1.3 工资特区工资总额可由该职位上级领导与人事行政部共同建议，由总经理批准。

3.5.2 设立工资特区的原则

3.5.2.1 谈判原则：特区工资以市场价格为基础，由双方谈判确定。

3.5.2.2 保密原则：为保障特区员工的顺利工作，对工资特区的人员及其工资严格保密，员工之间禁止相互打探。

3.5.2.3 限额原则：特区人员数目实行动态管理，依据企业经济效益水平及发展情况限制总数，宁缺毋滥。

八、保持合理的员工结构

企业应该合理控制员工结构，既要避免人浮于事，又要避免员工超负荷工作。

1. 建立合理的员工知识结构

合理的员工知识结构包括员工的知识层次结构和员工的专业结构。企业没有高学历人才肯定影响企业的战略，但如果企业高学历人才过多，使企业的薪酬成本很高，也不利于每个员工发挥自己的专长，反而造成人才的高流失率。不同专业的员工，具有不同的技能，合理配比这些员工，才能提高企业的劳动生产率。

2.保持合理的员工年龄结构

年长的员工,经验丰富,做事稳重,晋升和培训的要求都很低,但年长的员工思想保守,不易创新和突破原有的框架,而且要求的货币性薪酬较高,医疗等福利成本也较高;而年轻的员工,富于创新精神和斗志,身体素质好,而且要求的薪酬相对较低,但由于阅历和经验不足,追求个人发展的愿望较强烈,企业需要花费较高的培训成本,给他们进行晋升等。

3.保持合理的员工性别结构

男女员工各有优势和特别适合做的岗位,而且保持合理的员工性别结构,能增强企业员工的士气,缓和工作的气氛,使企业员工更加热爱工作。

第七章
控制加班,节省开支

第一节
加班加点的认知

一、控制加班的意义

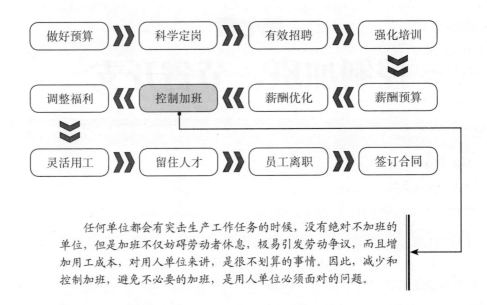

任何单位都会有突击生产工作任务的时候,没有绝对不加班的单位,但是加班不仅妨碍劳动者休息,极易引发劳动争议,而且增加用工成本,对用人单位来讲,是很不划算的事情。因此,减少和控制加班,避免不必要的加班,是用人单位必须面对的问题。

二、加班加点的条件

所谓加班,根据《中华人民共和国劳动法》(以下简称《劳动法》)有关规定,一般指用人单位由于生产经营需要,经与工会和劳动者协商后,安排劳动者在法定工作时间以外工作。

加班是员工超出正常工作时间,在原本应该休息的时间内进行的工作,是工作时间在休息时间中的延伸。

1. 加班加点的限制

为了保护员工的休息权,《劳动法》第三十六条规定每日工作时间不超过8小时、平均每周工作时间不超过44小时。同时,对加班加点进行了严格的限制:《劳动法》第四十一条规定,用人单位由于生产经营需要,经与工会和劳动者协商后可以延长工作时间，一般每日不得超过 1 小时；因特殊原因需要延长工作时间的，在保障劳动者身体健康的条件下延长工作时间每日不得超过 3 小时，但是每月不得超过 36 小时。

2. 不受加班加点规定限制的情况

《劳动法》第四十二条同时规定，有下列情形之一的，延长工作时间不受第四十一条的限制。

（1）发生自然灾害、事故或者因其他原因，威胁劳动者生命健康和财产安全，需要紧急处理的。

（2）生产设备、交通运输线路、公共设施发生故障，影响生产和公众利益，必须及时抢修的。

（3）法律、行政法规规定的其他情形。如必须利用法定节日或公休假日的停产期间进行设备检修、保养的；为完成国防紧急任务，或者完成上级在国家计划外安排的其他紧急生产任务，以及商业、供销企业在旺季时的生产任务。

> **小提示**
>
> 加班是建立在用人单位与劳动者协商基础上的，用人单位不得强迫员工加班，员工也无权单方面决定加班。

三、加班加点工资的计算

1. 有关加班加点工资的规定

休息日加班后，企业可以首先安排补休，在无法安排补休时，才支付不低于工资 200% 的加班费。换句话说，双休日加班后，是安排补休还是支付加班费，决定权在企业，职工没有选择权。根据有关法律法规的规定，只有平时晚上的加班和国家法定假日的加班，用人单位必须支付加班工资。

《劳动法》第四十四条规定，有下列情形之一的，用人单位应当按照下列标准支付高于劳动者正常工作时间工资的工资报酬。

（1）用人单位安排劳动者延长工作时间的，支付不低于工资的 150% 的工资报酬。

（2）用人单位在节假日安排劳动者加班的，应按照不低于劳动者本人日或小时工资的 300% 支付加班工资。

（3）休息日用人单位安排劳动者加班的，可以给劳动者安排补休而不支付加班工资，如果不给补休，应当按照不低于劳动者本人日或小时工资的 200% 支付加班工资。

2. 计算加班加点工作的基数

计算加班工资的基数不一定是劳动者的全部工资。在确定加班工资的计算基数时分以下几种情况。

（1）劳动合同中对工资有约定的，按不低于劳动合同约定的劳动者本人所在岗位相对应的工资标准确定。

（2）劳动合同中没有约定的，可由用人单位与员工代表通过集体协商，在集体合同中明确。

（3）用人单位与劳动者无任何约定的，按劳动者本人所在岗位正常出勤月工资的70%确定。

值得注意的是，如果上述确定的加班工资计算基数低于最低工资的，则要按最低工资计算。

3. 计算加班工资

根据国家相关规定，全体公民放假的法定节假日为元旦1天、春节3天、清明节1天、端午节1天、劳动节1天、中秋节1天和国庆节3天，共计11天，而休息日一般为星期六和星期天，即通常所说的双休日。因为法定节假日和休息日的性质不同，所以加班工资也不一样，节假日的加班工资要高于休息日的加班工资。

根据《劳动法》第三十六、第四十一、第四十四条规定：劳动者每日工作不超过8小时，平均每周工作不得超过44小时，那么职工全年月平均工作天数和工作时间分别为20.92天和167.4小时，职工的日工资和小时工资应按此进行折算。

具体计算公式如下。

第一种，按日工资计算。

节假日加班工资=加班工资的计算基数÷20.92×300%

休息日加班工资=加班工资的计算基数÷20.92×200%

工作日加点工资=加班工资的计算基数÷20.92×150%

第二种，按小时工资计算。

节假日加班工资=加班工资的计算基数÷167.4×300%

休息日加班工资=加班工资的计算基数÷167.4×200%

工作日加点工资=加班工资的计算基数÷167.4×150%

以某职工月岗位应得的工资1100元计算，则日工资标准约为52.58元，小时工资约为6.57元。

五一加班三天（24小时），该职工加班费计算公式如下。

第一种方法：按日工资计算。

1日当天：1100÷20.92×300%=157.74（元）。

2日、3日两天：1100÷20.92×200%×2天=210.33（元）。

第二种方法：按小时工资计算。

1日当天：1100÷167.4×8×300%=157.71（元）。

2日、3日两天：1100÷167.4×8×200%×2天=210.33（元）。

第二节 控制加班的措施

一、用制度规范加班

按照法律规定员工超过规定的工作时间工作应该支付加班工资，现在很多企业确实普遍存在员工经常加班的情况，但是也有一些企业员工将本来能够在正常工作期间完成的工作任务拖延到下班以后完成，因此很多企业为了提高员工的工作积极性，规定要先审查所要加班的工作内容是否在规定的期间内是无法完成的，确实无法完成的才准许加班，同时，要确保员工在加班，这种制度就是加班管理制度。

加班管理制度是企业用工制度的重要组成部分，企业可以将加班管理制度约定在劳动合同中，也可以根据自身的情况将加班管理制度规定在《员工手册》或者企业的规章制度中。

1. 要让员工确认

如果企业将加班管理制度约定在员工手册中或者规定在规章制度中，则必须要将员工手册发放到员工手中或者将规章制度予以张贴公示，并注意保留证据，否则可能会给企业带来很多麻烦。因为根据《最高人民法院关于审理劳动争议案件适用法律若干问题的解释》中第十九条规定，企业的规章制度只有向劳动者公示了才可以作为定案的依据。

2. 完善加班控制制度

每个企业都应当建立一套完善的加班申报、审批、汇报、监控制度，其措施如图7-1所示。

| 措施一 | 明确加班审批权限 |

| 措施二 | 规定员工加班应当在加班前向有审批权限的人员提出审批，并明确未经相关人员批准，人员不得擅自加班，否则不视为加班 |

| 措施三 | 审批人员应当认真审核员工加班申请，若确因工作需要加班的，可以予以批准；可加可不加的，或因员工本人原因没有按时完成本应在正常工作时间内完成的工作任务的，可以不予批准，从而控制加班发生率 |

| 措施四 | 规定员工加班完毕后应当及时向相关部门汇报实际加班时间等情况，通过员工汇报等方式实现对员工加班的监控 |

图 7-1　完善加班控制制度的措施

下面提供一份××公司员工加班申请控制程序的范本，仅供参考。

范本

员工加班申请控制程序

1. 目的

为了规范本公司加班申请流程，提高工作效率，控制好加班时间，从而节约本公司人员薪酬的开支成本，人事部门考勤统计人员能够准确统计好加班人员的考勤，特制定本程序。

2. 适用范围

本程序适用于公司所有员工的加班申请。

3. 自愿加班机制

3.1 本公司按国家劳动法实行自愿加班制度。由于公司生产经营需要，需要公司员工加班，基于员工自愿，公司经与劳动者协商后可以延长工作时间。

3.2 安排加班时间，必须是员工自愿加班，管理人员不得以任何形式或借口强迫员工加班。因特殊原因需要延长工作时间的，须按规申请，经批准后才可加班。

加班费计算方式：周一到周五平时延长上班时间，其加班工资按平时的150%计，周末加班工资按平时的200%计，法定节假日加班工资按平时的300%计。

4. 加班控制

因特殊原因需要延长工作时间的，每星期加班时间为2～3晚，每晚加班不得超过2小时，如因生产货单原因每月超过36个加班小时的，应考虑如下的实际控制手段。

4.1 重新进行工时测定，分配岗位人员。

4.2 加强岗位培训，提高工作效率。

4.3 重新梳理流程，进行冗余流程的删减、改造。

4.4 实行弹性工作制，对工作量波峰波谷变动大的岗位人员劝导培训，提高积极性，同时试行弹性工作制（非加班时间给予活动假期）。

4.5 考虑对人工的替代方案，从公司角度衡量加班等人力资源费用可否由提高设备生产率、先进和稳定程度、办公自动化水平等提高人员效率，降低人员需求量。

5. 职责

人事部负责本程序的管控、确认及执行。

5.1 加班申请——加班人员、车间组长、主任。

5.2 加班查核——人事、警卫、生产主管。

5.3 加班统计——各部门收发员、人事文员。

6. 程序实施流程

6.1 加班申请：由各班组长于每周五下午16：00前提出下一周加班申请。法定假日加班：于放假前一天16：00以前提出。

6.2 计划加班申请流程。

6.2.1 加班申请人至人事助理处领取"加班申请单"，按表单要求填写。

补充：周一至周五申请加班，预定加班时间在18：30～20：30，务必通知保安部开通员工加班进入权限，否则不在上班时间内禁止人员进入厂区，届时会造成不便。

6.2.2 填写完成后按表单先后顺序，先交于部门负责人，批准签字后再交于人事负责人审批，同意签字后，申请人可执申请表前往保安部开通门禁权限。

6.2.3 以上步骤全部完成，申请人请将"加班申请单"交人事部备案，人事部将根据打卡时间如实填写加班时间。

6.3 临时加班申请流程。

以短信或电话形式告知部门负责人，抄送行政人事负责人，次日一早补填"加班申请单"，交于部门负责人、行政人事部门负责人审批签字，交人事部备案，人事部将根据打卡时间如实填写加班时间。

6.4 加班申请单必须经部门主管核准且不得后补。如部门主管不在，部门助理应于收单时间前将"加班申请单"交至人事助理处。加班单严禁取回涂改。

6.5 人事助理根据加班申请单登记当日"加班人员汇总表"后,通知保安处。

6.6 填写"加班申请单"后,由于工作需要需再延长加班时间或因提前完成工作而缩短加班时间者,应于离厂时打手指模卡。无故拖延加班时间者取消当日加班费。

6.7 "加班申请单"经主管核准后,若因故需取消加班,应于当日下班出厂前及时通知人事助理,人事部考勤查核人员次日依员工打卡记录及警卫登记情况核对"加班申请单",于"加班申请单"上注明取消加班并签章。

6.8 部门助理应每日统计前一日员工加班时数,报到人事助理处核对,核对准确后交到会计部汇总。每月加班统计表经人事部门审核后,送至相关人员及主管确认核签后核算加班薪资。

6.9 未按本规定提前申请加班或加班申请单未经主管批准的不计加班时数;加班未打卡不计加班时数。

7. 相关文件

考勤控制制度。

8. 实施表单

加班申请单

部门		加班日期		事由	
加班人员名单					
计划加班时间					
本加班用于		□以后换休	□结算加班补贴		
备注	1. 公司原则上不鼓励加班,如确需要加班,由加班人员填写本表,部门主管和分管领导根据实际工作需要审核后交人事部备案 2. 晚上加班需当日16:00前交人事部,节假日加班需在加班日前一个工作日交人事部,逾期未交本表,不作加班处理 3. 晚上加班时间不能用于换休,正常休息日和节假日加班可用于换休				

分管领导审批:　　　　部门主管审核:　　　　申请人签名:

3. 监督检查,杜绝虚假加班

企业应当对员工出入程序加强管理,在日常管理中严格控制不必要的加班,加强考勤管理,对于不需要加班而无故在下班后在办公室逗留的情况进行控制,减少虚假加班的可能性。将员工进出企业加班打卡考勤统计时间改为凭批准文件统计时间,避免打卡考勤带来的无限制延长时间的混乱,有效控制加班费。

有效监督，杜绝虚假加班

【案例背景】

一天下午，某公司人力资源部又接到了一张送来备案的加班审批单，人力资源部王经理浏览了一下，是物流部3个员工的，加班时间是晚上7：00～10：00，加班地点是物流部办公室。在王经理的印象中，这一段时间物流部送了好几次加班申请单了。王经理知道这段时间物流部确实很忙，但还是动了想去看看究竟的念头。晚上8：00的时候，王经理到了物流部办公室，里面灯火通明，但是空无一人。是不是到仓库去了呢？于是他一一走过几个仓库，问了当班的仓管员，都说没有看到。待王经理转回物流部办公室时已是8：30，但还是未见一人，于是王经理坐在那里等待。在将近9：00的时候，这3人一路欢笑回来了，进入办公室后还没停止对刚才吃过的菜肴的赞美——看来他们晚上确实吃得很开心。冷不丁看到王经理时才显出一脸的尴尬，忙自我解嘲说刚才到仓库去转了一下。当王经理说他到过仓库，并且在这里等了有1个小时时，他们知道再也蒙混不过去了，忙说以后一定改正。

再好的公司制度必须落在严格执行上，否则将形同虚设，甚至带来更大的消极效应。就在第二天下午，经过总经理签发的批评通报出现在公司的公告栏内，对这3个员工进行了公开批评，不仅取消了当天晚上的加班费，而且每人处罚100元。这件事在公司影响很大，在以后的加班当中基本消除了这种"有名无实"的现象。

【点评】

管理的四要素是计划、组织、领导和控制。没有控制这一环，再好的措施都可能落不到实处。所以，企业一方面充分相信员工的自觉性；另一方面还应加强员工的加班管理，保证加班真正能起到应有的作用。具体可以由人力资源部组织不定期地深入加班现场了解加班的进展情况，督察员工在加班期间保持应有的工作效率，一旦发现有冠加班之名而无加班之实的员工则马上进行处罚，通报全公司，以儆效尤。

二、严格界定加班情形

为提倡员工高效率地工作，能在正常工作时间内完成的坚决不拖延，所以必须对加班（加点）的情况进行界定。

（1）原定工作计划由于非自己主观的原因（即设备故障、临时穿插了其他紧急工作等）而导致不能在原定计划时间内完成又必须在原定计划内完成的（如紧急插单，而原订单也必须按期完成）。

（2）临时增加的工作必须在某个既定时间内完成的（如参加展会）。

（3）某些必须在正常工作时间之外也要连续进行的工作（如抢修设备）。

（4）某些限定时间且期限较短的工作（如仓库盘点）。

（5）公司安排的其他加班（加点）工作。

三、科学设计劳动定额

劳动定额一般根据过去完成该项工作或类似该项工作的实践经验来估算，或者根据生产同类产品的统计资料为基础，经过整理、分析来制定，或者是通过对生产技术组织条件的分析，在挖掘生产潜力以及操作规程合理的基础上，在工作地对相关作业进行全工作日跟踪测时来制定。

劳动定额一般与计件工资相联系，计件工资制也受到计时工资制的限制，并不是只与劳动数量挂钩。计件工资制的劳动者超时加班也存在加班费支付的问题，因此制定合理的劳动定额就成为控制计件工资加班费问题的关键。

企业可在职工劳动合同或规章制度中与员工约定劳动定额调整机制，在劳动熟练程度提高和生产效率提高后，通过民主程序可适当提高劳动定额标准，以避免加班问题，防止员工恶意申请仲裁裁决企业违法加班。

四、加强绩效考核

加强绩效考核，可从管理上防止员工恶意主动加班。绩效制度与薪酬制度是人力资源管理的两个重要方面，绩效制度对薪酬制度起到重要的支持作用。按照一种标准，对员工的工作或者对工作中的员工进行考核，并把考核结果用于工资、奖金、晋升、调动（轮换）、教育培训工作，建立有效的激励制度。

加强绩效考核，提高员工在8小时标准工作时间内的效率，使得员工尽可能在标准时间以内完成工作，避免员工消极怠工、拖延时间而延误工作，故意造成加班，以此向企业主张加班费。

五、利用特殊工时制

特殊工时制下员工工作时间相对灵活，加班的发生率较低，甚至为零。因此，对于符合条件的特殊岗位，企业可以申请实行特殊工时制，以达到灵活用工、控制加班费成本的一箭双雕的效果。

1. 综合工时制

综合工时制是指分别以周、月、季、年等为周期，综合计算工作时间的一种工作时间制度。经批准实行不定时工作制的职工，不受《劳动法》第四十一条规定的日延长工作时间标准和月延长工作时间标准的限制，但用人单位应采取集中工作、集中休息、轮休调休、弹性工作时间等适当的工作和休息方式。

依据我国劳动与社会保障部2000年3月17日颁发的《关于职工全年月平均工作时间和工资折算问题的通知》："职工全年月平均工作天数和工作时间分别调整为20.92天和167.4小时。"因此，实行综合计算工作时间的，如果月平均工作天数超过20.92天，或者月平均工作时间超过167.4小时的，应该视为加点，按照《劳动法》第四十四条第一款支付加班费，即加班费不低于150%的工资。

可见，实行综合工时制的，如果员工在一定周期内的综合工作时间未超过标准工时时间，在周休息日工作的，企业不必支付其加班工资。即便总的工作时间超过按照标准工时计算的工作时间的，且是在休息日工作，也是按照150%支付加班费。从这个意义上说，也可以控制、节约50%的加班费支出。

但是，实行综合工时制的员工，在法定节假日工作的，企业应支付其不低于劳动合同确定的正常工作时间工资的300%的加班工资。

2. 不定时工时制

不定时工作制是指针对因生产特点、工作特殊需要或职责范围的关系，无法按标准工作时间衡量或需要机动作业的职工采用的一种工时制度。

不定时工作制的特点在于，当一日工作时间超过标准工作日时，超过部分不算加班加点，不发加班工资，而只是给予补假休息。因此，不定时工时制在控制加班费和避免加班费纠纷方面，更为理想和方便。

> **小提示**
>
> 企业采取特殊工时制，一定要经过劳动行政部门的审批。经依法审批就使用特殊工时制时就需充分执行，避免出现有特殊工时，却执行标准工时制度的情况。未经依法审批就使用特殊工时，很容易被劳动者当成标准工时制而主张加班费，反而达不到控制加班的目的。

六、控制加班费的基数

加班费数额的多少，一方面取决于加班的时数多少；另一方面则取决于加班费核算的基础，加班费核算的基础不同，加班费总额则完全不一样。为了对员工进行薪酬激励，同时有效控制加班成本，可对员工的工资进行结构设计，一部分为岗位工资（技能工资），一部分为绩效工资。岗位工资（技能工资）随岗位（技能）的差别而不同，但是固定的；绩效工资则随个人业绩不同而变化，是浮动的。由于绩效工资是浮动的，体现的是绩效水平的差别，事实上是绩效奖金的性质，所以不能以此为依据计算加班费，只能以固定的那部分岗位工资（技能工资）为基础来计算，这样加班费核算的基础变小了，总的加班成本就得到有效控制。

以某工厂车间主任为例，他的岗位工资是3500元/月，绩效工资在考核系数为1时为1200元/月，那在计算加班费时就以3500元/月为基数，而不是4700元/月。

> **小提示**
>
> 企业在签订劳动合同的时候，应与劳动者约定好加班工资的计算基数，但约定加班工资基数不得违反最低工资标准的规定。

七、合法利用调休

企业在休息日安排员工加班的，也可以用补休代替加班费支付。因此，补休，也是用人单位控制加班费的一条法律措施。对此，企业应当制定合法合理的调休制度，明确调休的相关事宜，如调休期间、调休申请、调休安排等，规范调休合法进行。

需要明确的是除了公休日加班外，对于延时加班和法定节假日加班，企业并不能通过安排调休而达到免除加班费支付的目的。

八、保留工资支付凭证

对于存在加班现象的用人单位来说，工资支付凭证的制作是比较重要的。完备的工资支付凭证应反映当月的加班工资，否则用人单位安排劳动者加班又未在工作支付凭证中反映已支付加班工资，很容易被劳动者事后主张加班费，陷自己于不利地位。

在实践中，很多用人单位的工资支付凭证（如工资清单）设计不合理，未反映加班费项目，最终被判败诉的案例很多。对此，用人单位应引起高度重视。可以说，工资支付凭证是控制加班费纠纷的最后一道关口，如果把好这一关，就会杜绝或大大降低加班费纠纷。

另外，劳资双方因加班费产生纠纷时，考勤记录（包括加班申请单）和工作和工资支付凭证是十分重要的证据。《劳动争议调解仲裁法》第6条规定，发生劳动争议，当事人对自己提出的主张，有责任提供证据。与争议事项有关的证据属于用人单位掌握管理的，用人单位应当提供；用人单位不提供的，应当承担不利后果。

最高人民法院《关于审理劳动争议适用法律若干问题的解释（三）》第9条规定，劳动者主张加班费的，应当就加班事实的存在承担举证责任。但劳动者有证据证明用人单位掌握加班事实存在的证据，用人单位不提供的，由用人单位承担不利后果。可见，涉及加班的考勤记录、工资支付凭证等一般是由用人单位保管的。因此，从预防败诉风险的角度看，用人单位应妥善保管劳动者的考勤记录和工资支付凭证。

第八章
调整福利,控制费用

第一节
员工福利的认知

一、员工福利的意义

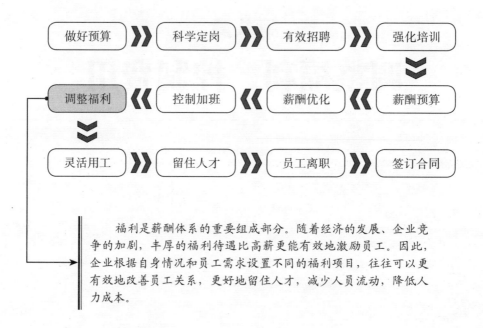

二、员工福利的内涵

员工福利是用人单位改善与提高员工的生活水平,增加员工的生活便利度,通过福利措施和建立各种面向内部员工个人及其家庭所提供的物品或福利。

三、福利管控的作用

对于企业来说,重视福利成本的控制和管理,无论从宏观层面还是微观层面来说,都具有极其重要的作用。

1. 宏观层面的作用

从宏观层面来看,作为人工成本的重要组成部分,福利的变动关系到企业利润的提高和市场竞争能力的增强。长期以来,人工成本的低廉一直是我国企业参与国际竞争的优势所在。然而,随着我国产业结构的升级变化以及构建和谐社会理念的提出,提高劳动者的收入已经成为社会的共识,福利占工资的比例呈上升趋势日益明显,这在很长的一段时间内将会影响到我国企业竞争能力,尽管近年来企业的社会保险费率有所下降,但是各类法定社会保险费用仍旧占了将近企业工资总额40%。

因此,如何设定科学合理的福利控制指标体系,关注人工成本投入产出比的最优化,避免人工成本过快上升导致企业竞争力的迅速下降,是企业管理层不得不面对和解决的现实难题。

2. 微观层面的作用

从微观层面来看,员工福利涉及能否激励员工,达到提高劳动生产率的目的,这一问题的解决是依靠福利的激励功能和筛选功能来实现的。长期以来,企业对福利的管理陷入了费力不讨好的局面:一方面企业投入大量的精力和物力,为员工设置名目繁多的福利项目;另一方面,员工却不太满意。

当员工不认可企业福利管理体系的时候,就意味着福利项目和员工的需求并不吻合,那么也意味着企业福利政策在提高内部员工满意度和忠诚度、减少自身员工流失方面效果不理想,从而导致福利的激励功能没有得到很好的发挥。同时,福利的吸引力差意味着其筛选功能低下,在招募外部高价值员工方面缺乏竞争力,而高价值员工的加入是提高企业劳动生产率的有效途径。这样一来,不仅企业的劳动生产率提升受到影响,而且还要额外增加福利费用,提高了用工成本。

四、员工福利的构成

从根据人力资源成本的构成中,可以看出属于员工福利开支的是开发成本中的员工培训费用、维持成本中发给和用于员工的生活福利费用、调剂员工工作生活的各种费用、保障成本中的社会保险及补充保险费用等。

按照企业的支付意愿程度来划分,上述福利费用也可以分为法定福利和非法定福利。

1. 法定福利

法定福利是指企业按照国家法律规定的、必须提供的员工福利项目,包括养老保险、失业保险、工伤保险、带薪休假、法定节假日休息等各种形式。

(1) 法定社会保险。在我国,法律规定的社会保险项目包括养老保险、医疗保险、失业保险、生育保险及工伤保险,具体如表8-1所示。

表 8-1 法定社会保险

序号	类别	具体说明
1	养老保险	养老保险是为退出劳动领域、失去劳动能力的人提供的社会保护和社会救助措施，是我国目前覆盖面最广、社会化程度最高的社会保险形式
2	医疗保险（生育保险）	医疗保险是指由国家立法，通过强制性社会保险原则和方法筹集医疗资金，保证人们平等地获得适当的医疗服务的一种制度 生育保险是为女员工设置的专门保险项目，为妇女提供生育期间的生活保障，体现对妇女和儿童的特殊保护
3	失业保险	失业保险是指为遭遇失业风险、收入暂时中断的失业者提供的基本保障。它的覆盖范围包括社会经济活动中的所有劳动者
4	工伤保险	工伤保险是针对最容易发生工伤事故和职业病的工作人群的一种特殊社会保险

（2）带薪节假日与假期。带薪节假日与假期如表 8-2 所示。

表 8-2 带薪节假日与假期

序号	类别	具体说明
1	公休假日	公休假日是指劳动者工作满一个工作周之后的休息时间。我国实行每周 40 小时工作制，劳动者的公休假日为每周 2 天
2	法定假日	员工在法定假日享受正常的工资是法律授予劳动者的权利。我国法定的休假节日为元旦、春节、清明节、国际劳动节、端午节、国庆节以及法律、法规规定的其他休假节日
3	带薪年假	年假是指员工满一定工作年限，每年享有照发工资的连续休假时间。企业通常将一定的企业工龄作为享受休假待遇的基本条件，休假时间长短可根据企业工龄、员工年龄、员工职级等因素来确定。休假期间的薪金标准可以是平常的工资标准。我国《劳动法》规定，劳动者连续工作一年以上，可享受带薪年休假待遇
4	带薪事假、带薪病假、带薪产假	带薪事假是指员工因某些事由请假不超过一定的期限，企业仍给付一定的薪金，并为其保留工作岗位。带薪病假实质上属于医疗保险待遇的范畴。带薪产假实质上属于员工生育保险待遇的范畴。由于病假、产假期间工资仍由企业支付，因此两者被视为员工福利的内容

2. 非法定福利

非法定福利是指企业按照自己的经济能力自主决定是否愿意支付给员工的福利项目，它主要包括各种补贴或补助，具体内容如表 8-3 所示。

表 8-3　其他补贴或补助

序号	类别	具体说明
1	家庭补贴	常见项目有结婚补贴、安家补贴、育儿补贴、赡养老人补贴、子女教育补贴、生活费用补贴等
2	住房补贴	一些企业为员工提供住房补贴，或者提供购房内部优惠贷款，或者无偿或低租金分配员工住房，或者建立住房公积金计划，帮助员工积累购房资金
3	交通补贴	交通补贴有多种形式。例如，直接提供班车，在固定时间接送员工上下班；提供现金交通补贴；企业直接向公交企业付费，员工在固定线路上免费乘车等
4	工作餐补贴	工作餐补贴是企业普遍实行的员工福利项目。具体形式有提供现金补贴、免费或低价提供工作餐等
5	教育补贴	对想要提高文化水平和工作技能的员工来说，教育补贴是一项福利待遇，对企业而言，则是一项重要的人力资本投入。有的企业为员工支付全部培训费用，有的企业支付一定比例的培训费用，有的企业则按统一标准支付培训费用

第二节　福利成本的控制

一、法定福利的成本控制

法定福利是国家基于社会公正和平等原则而制定的，各项法定保险的缴费基数、缴费比例以及加班费的标准由国家法律来确定。由此可见，它具有刚性变动的特点，企业没有权利对国家的规定加以更改。在企业内部它履行保障功能，其目的是确保企业员工最基本的福利水平。企业对此进行管理的原则就是在国家法律允许的范围内，调控法定福利总量水平，并通过建立福利成本的总量控制指标体系确保实现。

法定福利的刚性、保障性决定了其具有类似固定成本的特点，从而决定了在员工个人工资水平一定的情况下，法定保险的缴费基数——企业工资总额数将取决于员工总人数。对此，企业可以采取图 8-1 所示的措施来控制法定福利的成本。

| 措施一 | 做好定岗、定编规划，注重在实践中总结劳动定额新水平 |

| 措施二 | 仔细分析岗位任职资格要求，结合员工的发展潜力和企业未来的战略发展目标，合理安排工作岗位，根据绩效考核的结果，建立人员退出机制，以便科学地规划员工雇用数量，从而把企业缴纳的法定保险费用总数控制在其能接受的范围之内 |

| 措施三 | 合理地利用法律的规定，减少有关法定福利费用的支出。例如对员工进行分类管理，对于普通员工可以按社保较低标准缴纳；对于高价值员工，在考虑其承受能力的基础上，可以根据员工的工资情况按较高的档次缴纳 |

图 8-1　法定福利的成本控制措施

二、非法定福利的成本控制

相对于法定福利而言，企业在非法定福利的规定方面具有完全的自主权。在人才资源竞争日益激烈的现代社会中，企业通过设立具有差异化性质的自主福利来吸引、维系人才和激励员工，实现企业的发展目标。从这点意义上说，非法定福利类似于可变成本。

企业对非法定福利的成本控制措施如图 8-2 所示。

图 8-2　企业对非法定福利的成本控制措施

1. 控制福利费用的幅度

由于人工成本不断上涨，企业可以建立弹性控制指标体系，来考察福利成本的增长状态，了解产品成本和福利成本的主要支出方向，以便及时有效地监督、控制福利费用支出，改善费用的支出结构。

平均福利总成本弹性计算公式为

平均福利总成本弹性=（当年的人均福利成本-上年的人均福利成本）/（当年的福利总成本-上年的福利总成本）

通过该种弹性比率，企业不仅可以了解到福利成本总量的变化，还能考虑其变化的速率，从成本控制角度来说更具有科学性。

另外，企业还可以分别通过对人均福利成本变动幅度与人均增加值、人均销售收入、人均总成本变动幅度的比值，即弹性的控制，把人均福利水平的提高控制在经济效益和投入产出水平所能允许的范围之内，从而降低福利成本在总成本中的比重，增强产品的竞争能力；降低福利成本在销售收入中的比重，增强福利成本的支付能力；降低福利成本在增加值中的比重，增强人力资源的开发能力。

2. 注重福利结构的管理

通过福利项目的调整或者福利项目的创新来激发员工的工作积极性，使劳动效率提高的幅度超过福利增长的幅度，达到节约成本的目的。

在这方面，为员工设计弹性福利不失为一种比较好的选择。员工根据企业所提供的菜单，在一定金额限度内，自由选择符合自己所需要的福利项目。这种"福利自助餐"的好处如图8-3所示。

让员工根据自己的实际需求选择对自己最有利的福利项目，参与企业福利管理过程，使员工感受到企业的尊重和重视，进而感觉到企业和员工之间的关系不仅仅是一种单纯的经济契约关系，还有一种类似家庭关系的感情成分在里面，员工满意度得到增强，而员工工作满意度的上升必然会导致员工生产率的上升以及缺勤率和离职率的下降

员工清楚了解了每项福利的成本，会更加珍惜自己的企业，反过来也有利于企业管理和控制福利成本，因为在实施过程中企业能够发现哪些企业福利是员工喜欢的，哪些企业福利是员工不喜欢的，进而可以取消那些不受欢迎的福利项目，促使企业把钱花在"刀刃"上

图 8-3　设计弹性福利的好处

3. 设计福利计划及平均薪酬水平

通过有目的地设计福利计划以及对平均薪酬水平的调整来进行福利控制。可以把企业的福利支出分为两类：与基本薪酬相联系的福利以及与基本薪酬没有什么联系的福利，如图8-4所示。

对于不同的人员，根据他们的需要制订不同的福利计划：一来更好地满足了员工的需求；二来免去提供不恰当福利的成本，否则不仅没有达到激励员工的效果，还浪费了成本。

```
┌─────────────────────────┐          ┌─────────────────────────────┐
│ 与基本薪酬相联系的福利  │          │ 与基本薪酬没有什么联系的福利│
└─────────────────────────┘          └─────────────────────────────┘
```

| 如人寿保险和补充养老保险，其本身变动幅度一般不大，但与基本薪酬相联系，会随基本薪酬的变化而变化，应当采用调整平均薪酬水平的方法来达到福利控制的目的 | 主要是一些短期福利项目，例如健康保险、意外保险等，对这部分福利就应当通过有目的地设计福利计划来达到福利控制的目的 |

图 8-4　福利的支出分类

　　福利支出的成本还应该考虑到有关管理费用的问题。举例来说，当组织内部实施的保险并非为自保险制度时，企业就必须向保险商交纳一定的管理费用，这也应该被考虑在福利预算和控制的范围之内。

　　为了控制福利成本，企业可以采取一系列措施，如对员工进行健康教育，降低疾病的发生；有些规模大的公司开始实行以低费率购买医疗保险（企业补充保险），因为这可以将固定成本分散到较多员工身上，从而降低每个人所承担的成本，同时，员工必须根据不同的健康状况和风险因素来交纳不同的费率，而不再是所有员工按同一标准交费。

三、实施弹性福利

　　弹性福利计划就是员工自行选择福利项目的福利管理模式，也称"自助餐式福利计划""菜单式福利模式"等。在实践中，该计划或模式通常由企业提供一份列有各种福利项目的"菜单"，员工根据自己的需求从中选择自己需要的项目，组成一套属于自己的福利"套餐"。这一制度非常强调员工参与的过程。当然，员工的选择不是完全自主的，某些项目如法定福利就是必选项。此外，企业通常会根据员工的薪资或家庭背景等因素设定每个员工拥有的福利限额，同时福利"菜单"中的每个福利项目都会附上一个金额，员工只能在自己的限额内选择自己需要的福利。

　　1. 弹性福利计划的基本要求

　　一套好的弹性福利计划应符合图 8-5 所示的要求。

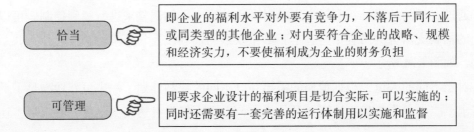

容易理解	即要求各个福利项目的设计和表述能够很容易地为每个员工理解，在选择和享受福利项目时，不会产生歧义
有可以衡量的标准	即要求企业为员工提供的每项福利项目都是可以衡量价值的，这样才能使每个员工在自己的限额内选择福利项目
员工参与度高	即要求制度的设计包含企业和员工互动的渠道和规则
灵活	即要求福利制度不但尽可能地满足不同员工的个性化要求，还能够根据企业的经营和财务状况进行有效的自我调整

图 8-5　弹性福利计划应符合的要求

2. 弹性福利计划的实施步骤

弹性福利计划的实施步骤如图 8-6 所示。

第一步	充分理解企业的战略
	不同的企业战略需要用不同的人力资源策略来支持。只有充分理解本企业的战略，才有可能设计出适合本企业需要的恰当的福利制度

第二步	了解国家的相关法规
	弹性福利制度当中包含了作为必选项的法定福利项目，无论企业是否愿意、员工是否迫切需要，法律强制实施的福利项目是必须提供的

第三步	了解企业的经营和财务状况
	再完美的福利计划没有资金的支持就等于零，因此企业的财务状况也是设计福利制度的一个重要前提

第四步	盘点企业现有的福利项目并进行财务分析
	有些项目由于实施得相当普遍往往被人们忽视，有些项目因为真正需要和实际受益的人数比较少也容易被忽略。只有把这些项目都进行统一的列举、盘点和测算，才能较为精确地测算出现有的福利成本

图 8-6

第五步 调查员工对福利项目的需求

不同的员工会对企业的福利项目有不同的需求，要设计出能够尽可能满足各类员工需求的福利项目，需要对员工的需求有充分的了解。当然，员工的需求可能有很多，甚至还会有些怪异的需求，这些需求可能无法衡量价值。所以在设计调查问卷时应尽量让员工排除那些比较怪异的要求

第六步 确定每位员工的福利限额

通常用点数来标志这一限额。它可以通过资历、绩效、工资、家庭情况等一系列因素综合地进行评定。在确定了每位员工的福利点数之后，需要进一步确定这些点数的现金价值，即福利点的单价，它等于企业福利计划成本总额与全体员工获得的总福利点数之比。这样能够保证弹性福利支出的总额与预算基本一致

第七步 确定福利项目清单

根据上述第一至第五步的分析和综合，确定企业提供给员工的所有福利项目的清单，并根据这些福利项目的市场定价和福利点的单价折算成相应的福利点数作为福利项目的点数价格

第八步 让员工选择福利项目

在每位员工都有了各自的福利点数，同时福利项目又都一一按点数定价后，员工就可以开始选择自己需要的福利项目了。这一过程中将不可避免地出现员工购买力不足和"储蓄"的情况。这需要预先根据企业情况设定规则进行管理

第九步 协调、管理和沟通

企业需要针对交易中的纠纷以及员工的意见反馈采取处理措施，并根据情况的不断变化合理调整和不断优化其福利制度

图 8-6 弹性福利计划的实施步骤

3. 弹性福利计划的实施要点

（1）实施弹性福利前需要对向员工个人和员工整体按规定提供及自行设立的福利项目进行精确的年度预算，包括绝对数值和所占的比例（例如占工资总额、销售额、赢利和行业平均数的比例），以便作为企业领导决策的依据，并有效控制福利执行。

（2）在执行弹性福利制度的同时，要定期开展员工调查和问询，了解他们对所设立的福利项目的重要性和满意程度的意见。要定期将公司的福利政策与工会和其他行业协会政策以及人力资源市场上存在竞争关系的公司的政策（依据相关的薪酬和福利

调查）进行比较。

（3）随时为员工提供有吸引力的福利的目标，需要不断调整企业的福利政策以适应环境条件的变化，当然这样做必须符合经济原则，要注意福利导向与直接报酬相抵触。

（4）为保证福利政策和实践的统一，必须将其全面、系统地编写到"员工手册"中。

下面提供一份××公司年度弹性福利计划及实施方案的范本，仅供参考。

> **范本**
>
> ## ××公司年度弹性福利计划及实施方案
>
> **一、前言**
>
> 弹性福利计划是在年度弹性福利总金额限制的前提下，根据员工的岗位重要度、职级、服务年限、贡献度等因素计算员工个人的弹性福利总点数。员工根据自己的总点数和实际需求，从公司提供的弹性福利菜单中选购自己所需的福利项目和数量，组合出专属自己的福利套餐。
>
> 弹性福利打破了原有福利的"大锅饭"现象，满足了不同层次员工的个性化、多样化需要，大大提高了员工的满意度，使公司福利政策有更强的针对性和激励效果。
>
> **二、弹性福利的范围**
>
> 总部及各分公司全体写字楼员工和营业员（不包含临时工），均可享有个人的弹性福利点数并购买相关福利项目。
>
> **三、弹性福利点数的构成及计算方式**
>
> （一）弹性福利点数的构成
>
> 1. 薪资点数
>
> 个人月基本工资×10%。
>
> 2. 职级点数
>
> （1）营业员：100点。
>
> （2）员工（含配送中心组长、专柜柜长）：200点。
>
> （3）主管级：300点。
>
> （4）经理级：500点。
>
> （5）总监B级：1000点。
>
> （6）总监A级：2000点。

3. 周年服务点数

满 1 年起计算，每满 1 年增加 100 点，满半年增加 50 点，最高 1000 点。不满半年不计算点数。

4. 优秀员工点数

上年度优秀员工在本年度增加 500 点。

（二）弹性福利点数的计算

1. 计算原则

弹性福利点数均以上年度 12 月 31 日为基准来进行核算，在此之后的调薪、升职、工作年限增加等因素不考虑在内。

2. 计算方法

个人弹性福利总点数＝（薪资点数＋职级点数＋周年服务点数＋优秀员工点数）×系数

（1）入职满一年员工的系数为 1（即××年 1 月 1 日前入职）。

（2）入职满半年员工的系数为 0.5（即××年 7 月 1 日前入职）。

（3）入职不满半年的员工全额计算职级点数（即××年 7 月 1 日～12 月 31 日入职）。薪资点数、周年服务点数、优秀员工点数不纳入计算。

四、弹性福利项目及购买点数

暂定 1 点为 1 元。具体操作时，用年度员工总点数除以年度弹性福利预算总额计算出系数。再根据公司实际购买下表中福利项目的支出来换算出各项福利的标价点数。

弹性福利项目及购买点数

序号	弹性福利项目	A 档	B 档	C 档	方式	兑现时间
1	家属商业医疗保险	1330	781	540	公司统一团体购买	每年 9 月 1 日
	家属体检	1000	250	200	凭指定医院发票报销	每年 4 月
2	电影票	60 张	40 张	40 张	××影城电影票	每年 3 月
3	洗衣卡	500	200	100	××洗衣卡	每年 3 月
4	书城卡	500	200	100	××购书中心书城卡	每年 3 月
5	游泳票	30 张	20 张	10 张	体育中心游泳馆	每年 6 月
6	子女助学金	500	200	100	凭发票报销	每年 3 月或 9 月
7	旅游	1000	800	500	凭发票报销	每年 3 月、9 月
8	美容/沐足/按摩/健身	1000	8000	500	凭发票报销	每年 3 月、9 月
9	化妆品/服务费	800	500	200	凭发票报销	每年 3 月、9 月

五、弹性福利项目的购买流程

（1）公布公司年度弹性福利菜单并调查员工弹性福利需求。

（2）根据调查结果修正公司年度弹性福利菜单并对福利项目标价。

（3）将员工的个人年度弹性福利总点数通知到个人。

（4）员工根据个人弹性福利总点数及实际需求情况选择购买弹性福利项目和数量。

（5）结果汇总评估后，对于需要调整的福利项目和员工协商后进行调整。

（6）将《年度固定福利政策》《年度弹性福利计划及实施方案》《员工年度弹性福利需求汇总》呈报公司薪酬小组审批。

（7）审批通过后，采购置办并执行。

六、弹性福利点数的使用

（一）使用方式

（1）每年3月、9月，员工上报所需购买的福利项目和数量。由人力资源部统一汇总、审批后采购执行。

（2）每次只能使用本人点数的50%。

（二）使用规则

（1）员工未用完福利点数至年底自动失效，福利点数不可转让。

（2）员工购买福利项目的点数超过了个人总额，可从自己的税前工资中扣除，但扣除的金额不得超过当月基本工资的一半。

（3）员工非正常离职（包括开除、辞退、主动离职等）时，未使用完的点数不能折现发放，自动失效。

（4）试用期的员工不享受弹性福利计划，其福利点数自员工转正次月起计算。

（5）员工由于晋升或调薪而引起的福利点数的变化，由下年底起生效。

第九章
灵活用工,节约成本

第一节 灵活用工的认知

一、灵活用工的概念

灵活用工是针对企业在面临人员编制紧张、旺季人才短缺、项目用工短缺、三期(孕期、产期、哺乳期)员工短期替补等难题,针对那些替代性、临时性、辅助性的岗位,由专业的人力资源服务机构向用工单位派驻员工的一种特殊用工形式。

二、灵活用工的特点

灵活用工是对传统固定用工模式的补充,相对于传统的工作模式而言,灵活用工是指在劳动时间、收入报酬、工作场地、保险福利、劳动关系等方面相对灵活。企业可以基于实时用人需求,灵活地按需雇佣人才,双方不建立正式的全职劳务关系,通常属于企业的非正式员工。

与传统用工模式相比,灵活用工在人力需求、用工模式、劳动关系、生产工具、管理权限以及退出机制等方面均有较大的差别,具体如表9-1所示。

表9-1 传统用工与灵活用工的主要区别

区别	传统用工模式	灵活用工模式
人力需求	长期稳定的劳动力	灵活、临时或者可替代的劳动力

续表

区别	传统用工模式	灵活用工模式
用工模式	全日制	主要为兼职、外包等，每天工作时间比较灵活
劳动关系	双方签订书面劳动合同确定劳动关系	用人单位与劳动者可以不签订书面形式的劳动合同，且劳动者可以与多个用工方确立合作关系或者不确定关系
生产工具	雇主统一配备	由个人或个体组织的生产工具是自费购买或租赁的
管理权限	用人单位自主管理	灵活用工服务企业提供全流程的管理服务
退出机制	劳动者递交辞职申请，提供合法途径解除劳动关系，并且除一些特殊情况外，用人单位需向劳动者支付经济补偿金	可以自主选择"暂时"或者"永久退出"，且无须支付经济补偿金

三、灵活用工的优势

灵活用工的优势主要体现在图 9-1 所示的几个方面。

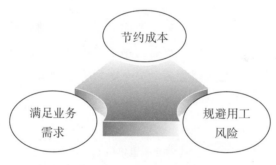

图 9-1 灵活用工的优势

1. 节约成本

灵活用工可以有效减少企业的用人成本。一般来说，企业针对兼职者、小时工的招聘和培训花费较少。此外，企业无须为小时工、兼职者支付诸如保险、住房公积金及其他福利，这将会减少企业的用人成本。

比如，按照北京市常见的"五险一金"缴纳比例，企业雇佣一个灵活用工将会比雇佣一个正式员工节约 40% 的人工成本。

2. 满足业务需求

灵活用工可以有效满足企业的业务需求。企业由于自身业务特点，用工需求会发生变化,甚至在一天之中也存在着用人的高峰期和低谷期,而灵活用工可以应对企业用工需求的变化,从而充分利用员工价值,提高企业运营效率。企业的正式员工由于病假、产假等临时性事件需要找人代替其工作,通过灵活用工可以免除正式员工归岗后解聘替代者的烦恼。

3. 规避用工风险

灵活用工可以延长雇员考察期,合理规避用工风险。很多选择灵活用工的企业,都会从这些临时员工中选择优秀的人才改签长期劳动合同。通过这样的方法,企业可以有效规避招录到不合适的员工再进行辞退的法律风险,减少企业的经济损失。

第二节
灵活用工的实施

一、劳务派遣用工

劳务派遣又称人才派遣、人才租赁、劳动力派遣、劳动力租赁,是指依法成立的劳务派遣单位根据用工单位的需求,依据与用工单位订立的劳务派遣协议,筛选符合用工单位要求的劳动者并在与其建立劳动关系后,将劳动者派遣到用工单位工作的一种新型的灵活用工形式,如图9-2所示。

图9-2 劳务派遣的用工形式

1.劳务派遣用工的优势

从用工需求方来看,劳务派遣具有图9-3所示的优势。

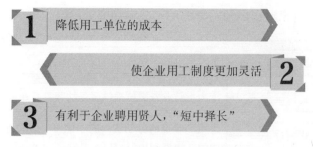

图 9-3 从用工需求方看劳务派遣的优势

（1）降低用工单位的成本。降低用工单位的生产成本和人事管理成本，有利于提高用工单位的经济效益和管理效率。通过劳务派遣，用工单位的信息搜寻成本、治理成本和培训成本降低为零。

用工单位只需将用人的条件向劳务派遣单位提出来即可，具体的招聘、管理和培训工作都由劳务派遣单位负责完成。

生产成本在一定时期内变得固定和可预见，不确定性导致的各种风险，如跳槽、招工容易辞退难、违约等将会得到有效控制和转移。

用工单位只需根据工作标准、工作时限、工作任务与派遣单位谈判总体费用，具体每位员工工资和福利等生产成本以及合同的谈判、签订、履行与违约的处理等管理成本，均由派遣单位确定。

（2）使企业用工制度更加灵活。企业可以根据生产需要随时增加或减少用工。为适应市场的新变化，企业需要更加灵活的用工机制，从而可以减少企业"应雇而未雇"或"应多雇而少雇"现象的发生，提高雇工效率。

（3）有利于企业聘用贤人，"短中择长"。在受派遣的员工和客户企业双方进行互相选择时，企业对满意的员工可重点培养，而后转为直接雇用，实现人力资源使用中的续短为长，提高双向选择的用工意愿。

2. 劳务派遣用工的管理

（1）明确用工比例。用工单位应当严格控制劳务派遣用工数量，使用的被派遣劳动者数量不得超过其用工总量的 10%。用工总量是指用工单位订立劳动合同人数与使用的被派遣劳动者人数之和。

（2）明确用工范围。劳务派遣用工是补充形式，只能在临时性、辅助性或者替代性的工作岗位上实施，具体说明如图 9-4 所示。

对于超过 6 个月的稳定用工、保密岗位、竞业限制（技术、高管）岗位、需要出资培训并约定服务期的岗位，企业应尽量避免使用劳务派遣方式。上述这些岗位的员工是企业的核心竞争力，与这些岗位的员工直接建立劳动关系，可以加强企业对此类员工的管理和控制，也会增加这类员工对公司的认同感，促使他们安心为企业服务，减少人员过度流动带来泄密风险，降低用工成本和劳资风险。

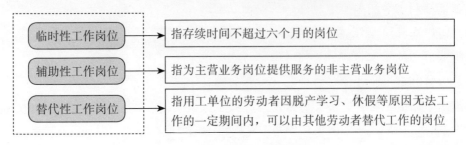

图9-4 劳务派遣用工的范围

> **小提示**
>
> 用工单位决定使用被派遣劳动者的辅助性岗位，应当经职工代表大会或者全体职工讨论，提出方案和意见，与工会或者职工代表平等协商确定，并在用工单位内公示。

（3）对派遣单位进行严格审查。《劳动合同法》第五十七条有如下规定。

经营劳务派遣业务应当具备下列条件。

①注册资本不得少于人民币二百万元。

②有与开展业务相适应的固定的经营场所和设施。

③有符合法律、行政法规规定的劳务派遣管理制度。

④法律、行政法规规定的其他条件。

经营劳务派遣业务，应当向劳动行政部门依法申请行政许可；经许可的，依法办理相应的公司登记。未经许可，任何单位和个人不得经营劳务派遣业务。

因此，用工单位在同派遣单位进行劳务派遣形式用工时，需注意审查该企业是否具备经营劳务派遣业务，否则可能面临非法派遣、非法用工的法律风险。

（4）与派遣单位签订派遣协议。企业作为用工单位，应当与派遣劳动者的派遣单位订立劳务派遣协议。劳务派遣协议应当载明图9-5所示的内容。

- 派遣的工作岗位名称和岗位性质
- 工作地点
- 派遣人员数量和派遣期限
- 按照同工同酬原则确定的劳动报酬数额和支付方式
- 社会保险费的数额和支付方式
- 工作时间和休息休假事项
- 被派遣劳动者工伤、生育或者患病期间的相关待遇
- 劳动安全卫生以及培训事项
- 经济补偿等费用
- 劳务派遣协议期限
- 劳务派遣服务费的支付方式和标准
- 违反劳务派遣协议的责任
- 法律、法规、规章规定应当纳入劳务派遣协议的其他事项

图9-5 劳务派遣协议应当载明的内容

（5）与派遣单位和派遣工保持必要沟通。用工单位在采用劳务派遣用工的情况下，就需要与劳务派遣单位和派遣工保持必要的沟通。在与劳务派遣单位工作沟通过程中，可以向其对接人介绍用工单位的企业文化、岗位要求、岗位职责等情况，并向其通报派遣工的工作表现和主管评价。虽然派遣工不与用工单位存在劳动关系，但用工单位应将其视为企业的一分子，在工作培训、工作指导、后勤保障、员工活动等方面适当给予派遣工必要的关怀和帮助，多倾听派遣工的心声，以最大限度降低派遣工的流失率。

（6）派遣工的后续跟进和风险防控。派遣工的后续跟进和风险防控至关重要，需要做的工作如表9-2所示。

表9-2 派遣工的后续跟进和风险防控

序号	跟进内容	具体说明
1	建立派遣工信息资料库	有关派遣工的信息资料，包括派遣工的姓名、年龄、岗位、劳动合同签订期限、社保购买时间、工资发放情况等，录入到派遣工信息资料库中，以备更好管理派遣工
2	对派遣工进行满意度调查	派遣工对派遣单位的工作效率、解决问题效率、服务态度等评价意见，是用工单位对派遣单位进行有效评估的重要途径，其可以作为日后用工单位筛选派遣单位的重要基础资料
3	有效监控劳务派遣单位的经营和财务状况	当派遣工工资没有得到及时发放的时候，用工单位就要予以高度关注，通过各种渠道了解派遣单位的经营和财务状况，以及关键人员的异动情况，并制定应急处置措施
4	建立风险防控预警机制	用工单位认真审视派遣单位的工作绩效、经营状况、财务状况、服务质量等，当对派遣单位的评估结果是不合格的，那么就要及时予以预警，并采取相应的补救措施

二、聘用非全日制用工

非全日制用工，是指以小时计酬为主，个人与企业建立非全日制劳动关系，劳动者在同一用人单位一般平均每日工作时间不超过四小时，每周工作时间累计不超过二十四小时的用工形式。

1. 非全日制用工的特点

（1）非全日制用工的工作时间一般为每天不超过4小时，每周工作时间不超过24小时。如果偶然超过24小时，应当按加班处理。

（2）非全日制用工可以订立口头协议。但劳动者要求订立书面劳动合同的，用人单位应当与其订立。

（3）非全日制用工的劳动关系可以随时终止且无须支付经济补偿金。

（4）非全日制从业人员的工资按小时计算。小时工资由用人单位和劳动者协商制定，但不得低于本市规定的非全日制从业人员小时最低工资标准。工资至少15天结算一次。

（5）除地方有特别的规定外，一般情况下，用人单位只需为劳动者缴纳工伤保险即可。从事非全日制工作的劳动者发生工伤，依法享受工伤保险待遇。

（6）非全日制合同不得约定试用期。

（7）非全日制用工人员可以与多家用工单位发生劳动关系，即可以同时与两个以上用人单位订立劳动合同。但后订立的劳动合同不得影响先订立的劳动合同的履行。

2. 非全日制用工的管理

与全日制用工相比，非全日制用工更为便捷、灵活，有利于用人单位灵活用工。但是在员工稳定性上却有了一定局限，增强了人员的流动性，对企业稳定发展不利。对此，企业在非全日制用工的管理方面应注意以下几点。

（1）尽管非全日制用工可以口头订立协议，但是劳动者提出要订立书面劳动合同时，用人单位应当以书面形式与劳动者订立劳动合同。

（2）为防止出现全日制与非全日制用工纠纷，例如，因未签订劳动合同的双倍工资纠纷、未购买社保的纠纷等，企业最好采用书面形式，订立非全日制劳动合同，明确用工性质及劳资双方的权利义务。

一旦双方发生争议，书面合同就成为证明劳动者与用工单位之间用工关系的最好证据。

（3）非全日制劳动合同的内容由双方协商确定，应当包括工作时间和期限、工作内容、劳动报酬、劳动保护和劳动条件五项必备条款，但不得约定试用期。

（4）由于从事非全日制用工的劳动者可以与一个以上的用人单位签订劳动合同，这就要求企业加强对非全日用工的管理，如在招聘时询问清楚劳动者同时做几份工、时间安排情况等，以减少用工风险。

（5）岗位安排应和商业秘密保护相结合，如果企业认为必要，可以和劳动者签订保密协议。

比如，非全日制员工与其他同行业（含类似及竞争性）单位建立劳动关系，企业应注意保密问题。

（6）企业应做好非全日制用工劳动者每天的出工记录。可以采取每天打卡或签到、签离的方式进行考勤管理，并保存好出勤记录。这是发生纠纷时的证据，可以证明企业是否严格执行了非全日制用工劳动时间的法规规定。

> **小提示**
>
> 　　企业应严格遵守法律规定，避免劳动者每日工作超过 4 小时，每周累计不超过 24 小时，否则可能会被认为企业和劳动者形成了全日制用工的事实劳动关系。

　　（7）必须为非全日制劳动者办理工伤保险。基于法律的规定且企业用工过程中的工伤风险存在，故企业应当为非全日制员工办理工伤保险，依法规范用工，降低企业因万一出现的较大工伤事故带来的巨额经济损失。

　　（8）非全日制用工的所有资料，如非全日制用工合同、由本人签字的工作报酬的领取凭证、非全日制用工合同终止的书面资料等都要进行规范的整理、归档和保管。

　　（9）根据《关于非全日制用工若干问题的意见》规定，企业招用劳动者从事非全日制工作，应在录用后到当地劳动保障行政部门办理录用备案手续，接受主管部门的监督和管理。

三、聘用实习生

　　"实习生"是参加实习的学生。对用人单位而言，实习只意味着企业给在校学生提供一个锻炼和学习的机会，并不存在应聘和聘用关系。

　　1.使用实习生的好处

　　企业使用实习生由来已久，学校以输出人才为最终目的，为即将毕业的学生提供一个接触社会，理论联系实际的实操场所。学生也因到企业实习，锻炼了才干，磨炼了意志，为今后正式走上工作岗位铺好了道路。企业也因使用实习生只需支付少量工资，而节省了人力成本。三方互利，达成了大家都乐于接受的三赢局面。

　　2.对实习生的管理

　　在企业中，实习生这一特殊的人才群体，作为企业人才的"蓄水池"，在人才储备和防范企业用人风险方面发挥越来越重要的作用，因此企业应加强对实习生的管理。

　　（1）遵守国家相关法律法规的规定，规范用工行为。

　　① 不得安排未满十六周岁的学生实习。

　　② 不得安排学生从事矿山井下、有毒有害、国家规定的第四级体力劳动强度以及其他具有安全隐患的劳动。

　　③ 不得安排学生加班、加点、夜班工作，一周休息时间不得少于两日。

　　④ 对未成年的学生定期进行健康检查。

　　⑤ 对实习生进行岗前培训和职业教育、劳动保护、劳动纪律培训。

（2）注重实习期的培训，尤其是实习开始时，对企业的介绍，包括企业的基本情况、部门设置、各部门职责分工、实习项目的基本情况、实习期间的规范准则、汇报线和实习工作内容等。

（3）做好实习生的入职准备工作，必不可少的是实习生实习期间的指导手册或注意事项说明等材料。内容包括实习生可能面对的部门协调的联系人、汇报线、日常注意事项、请假等考勤制度。简言之，这是一份指导性资料，目的是使实习生尽快消除陌生感，了解有困难时的求助对象，明白"不能这样做"和"应该怎样做"的范围。

（4）降低实习生的心理预期，实习前明确告知实习生有权知晓的工作范围，实习前期能涉及的工作内容、保密范围等。

（5）实习工作内容可分成两个模块。

一是固定内容，即每年每个实习生都会做的工作，比如档案整理、固定资产盘点、票据整理等，既解放了企业在职人员工作负担，工作内容又非核心高难，适合实习生做。同时，也可以通过这些比较烦琐的工作观察实习生的工作态度与工作能力。

二是随机内容，根据部门工作安排，挑选稍有难度的工作分配给实习生，观察实习生在面对困难时的反应，是否有积极主动应对挑战的勇气和方法。

（6）建立双导师制。一位导师担任业务指导，可以是资深、有带实习生经验的员工、部门领导或者专业能力较强的员工，主要在实习期间对工作予以支持和指导；另一位导师担任生活指导，可以是同校、同系的师兄师姐，也可以是高层管理人员或中层管理人员，尽量不在一个部门，即时为实习生答疑解惑，在职业生涯、学习生活方面给予建议和关怀。

（7）实习生座谈会。为企业和实习生创造一个定期或非定期交流及沟通的环境，了解实习生的动态、思想，收集实习生管理的建议，加深实习生对自我、团队和企业的了解。座谈会形式可随意一些，参加人除实习生外，人力资源部和企业高层管理人员均可参加，尽量创造一个宽松的环境。

（8）关注实习生入职后的关键时间点，如第一天、第一周、第一个月等，使实习生感受到企业对本人的重视。

（9）严格实习生考核。制定统一、公正、全面的实习生考核制度，人力资源部协助组织好实习生的考核、反馈，把握时间节点。请用人部门明确提出对实习生的评价结果、改进建议或留用结论等。

（10）实习生的风险控制。招聘是有风险的，实习生的招聘也同样。为了防范实习生的用人风险，在实习生入职时要签署相关协议，如承诺书、保密协议等，约定知识产权的归属、保密义务、工伤保险处理、实习生权责等内容。同时，人力资源部要确保用人部门不会将核心工作交由实习生带出企业，如用人部门同意实习生非坐班工作，那要保证工作内容可开放，如一些研究类工作等。

综上所述，对实习生招聘和管理，企业人力资源部要说清楚规章制度，讲明白行为规范；用人部门要说清楚工作内容，讲明白工作边界。人力资源部和用人部门共同协作，帮助实习生了解自身特长、分析职业生涯发展，辅以人文关怀，相信实习生管理工作一定可以做得很好。

 案例

实习期受伤可以认定工伤吗

【案情简介】

王某于2018年9月被录取到某技工学校学习。2020年7月王某由某技工学校安排到某工厂实习。2020年12月20日，王某在工作中不慎从楼上摔下来，被送往医院，王某住院35天，住院期间由工厂派人照顾王某，医疗费用由工厂支付。2021年5月15日，王某经鉴定为六级伤残，误工期限为5个月，护理期限为2个月，营养期限为1个月。王某因赔偿事宜未与技工学校和某工厂达成一致意见，向某区劳动人事争议仲裁委员会申请仲裁。要求两单位赔偿各项损失共计22万元，某区劳动人事争议仲裁委员会以本案不属于劳动争议受案范围为由做出了不予受理的裁决。王某遂向当地法院起诉。

经法院调解，双方达成调解协议，两单位共赔偿王某20万元，其中学校赔偿8万元，某工厂赔偿12万元，王某放弃其他诉讼请求。

【分析】

1. 实习期受伤可以认定工伤吗？

实习人员出于学校教学及所学专业的特点，需要在相应单位进行社会实践的行为，这种情况就是我们通常所熟知的"就业型实习"。这种实习的明显特点是用人单位与实习人员不建立劳动关系，或者因为实习人员与其他机构有关系的缘故，无法建立劳动关系。如大学生毕业前的实习，实习的大学生与学校有着高等教育关系，大学生的档案等个人履历文件也放在学校，不符合《劳动合同法》规定的建立劳动关系的主体，用人单位根本无法与实习大学生建立劳动关系。在这种情况下，由于实习单位和实习人员之间并不存在劳动关系，缺乏认定为工伤的前提，所以这种情况下实习人员受到的意外伤害不能认定为工伤。

2. 学生实习期受伤谁承担责任？

工伤认定的前提是劳动者与用人单位建立了劳动关系。这种劳动关系可以是签订了书面劳动合同的，也可以是事实上的劳动关系。企业与实习生之间形成的

关系不是劳动关系，而是劳务关系。劳务合同纠纷不适用劳动法调整，而应直接适用民事法律来调整。因此根据现有法律规定，在校生实习期间受伤很难进行工伤认定。一般情况下，只能按人身损害赔偿来主张权利。

【建议】

　　学校对于学生的校外实习活动，应当与学生实习的企业签订实习协议；作为企业，也应当与实习学生所在的学校签订实习协议，即应在协议中明确实习期限、企业和学校的管理职责、劳动保护的规定以及伤亡事故的处理办法等事项，从而明确学校与企业间的权利义务。实习企业应承担配合学校做好实习学生的管理工作，建立健全工作责任制，加强对学生上岗前安全防护知识、岗位操作规程的教育，而学校则应对参加实习的学生制订详细的实习计划，委派专人管理学生的实习等。

　　在劳动合同法或工伤保险条例等相关法律没有修订之前，企业可以要求学校在安排实习生参加生产实习时，由学校为实习生办理一份一定额度的意外伤害保险，或用人单位在接受实习生时，为实习生办理工伤保险或者一定额度的商业保险。

四、退休人员返聘

退休人员返聘是指用人单位中的受雇佣者已经到达或超过法定退休年龄，已依法享受基本养老保险待遇，从用人单位退休，再通过与原用人单位或者其他用人单位订立聘用协议继续作为人力资源存续的行为或状态。

1. 返聘退休人员的好处

企业返聘退休人员，尤其是自己原工作单位退休下来的人员，一方面因不用继续为退休人员缴纳社保，可以降低用工成本；另一方面，返聘的人员也能为企业多带新员工，培养新人。

2. 返聘退休人员的管理

（1）根据《劳动合同法》第四十四条的规定，已享受养老保险待遇的离退休人员被返聘的，与用人单位不建立劳动关系，双方不订立劳动合同，而是订立聘用协议，双方关系为劳务合同关系。聘用协议可以明确工作内容、报酬、医疗、劳动保护待遇等权利、义务。返聘人员与用人单位应当按照聘用协议的约定履行义务，聘用协议约定提前解除书面协议的，应当按照双方约定办理，未约定的，应当协商解决。

（2）用人单位聘用已享受养老保险的离退休人员，由于离退休人员年龄偏高，在实际工作中发生意外的概率可能更高。因为双方之间的关系不是劳动关系，而是劳务关系，一旦发生意外，单位需要承担人身损害赔偿的风险。所以，用人单位在聘用已享受养老保险的离退休人员时，最好为其购买商业保险以规避风险。

> **小提示**
>
> 虽然雇佣退休返聘人员可以在很大程度上节省企业人工成本，但是企业也不可疏忽，在其入职前一定要做好社保筛查工作，以明确其已经享受养老保险待遇或已有其他单位社保在缴状态。

五、聘用兼职人员

目前很多公司会聘用兼职人员来降低人力成本。

对某些不是长期存在的工作，或不需要长期关注的事情，或者一些临时可以对接的项目或者资源，公司会聘请一些兼职人员来协助或独立完成该项工作，以减少在工资、社保缴费、离职赔偿及其他方面的支出。

企业在使用外部兼职人员时，要注意以下几点。

1. 招聘前注意兼职人员的背景

千万不要因为不是本企业的员工就放松背景调查。如果兼职人员是高级管理和核心技术人才，更要做好相应的背景调查。

2. 兼职工作的内容要明确

招兼职还是全职，前提是此岗位到底要干什么？是解决销售业绩的达成量，还是技术或管理上的支持；是完成某一段时间的某项工作，还是解决某个特定时期的特殊问题。对于兼职的岗位，企业也要做一个详细的岗位说明书，对岗位工作内容进行明确的阐述和说明。

3. 工作任务要明确且量化

对兼职人员的评价要做到量化。要具备具体明确的在工作岗位达到标准和严重失职的情况分别是怎么样的。

比如，某兼职销售顾问岗位，对岗位达标的标准是一年内，为公司增加几个合格经销商，或者完成多少销售业绩。

4. 做好对兼职人员的评估

有了定时定量的工作任务，还需要实施评估。对兼职人员的评估要尽量全面，根据需要可以包括知识层面、能力层面、行为/态度层面和绩效层面，具体如表 9-3 所示。

表 9-3　对兼职人员的评估

序号	评估项目	具体说明
1	知识层面的评估	评估兼职人员对该岗位应知应会相关知识的掌握程度。测评的方式可以是笔试或者口试。需要注意的是，实施知识层面的评估需要提前准备试题库和标准答案，问题需要与兼职人员的工作相关性强且为必备知识
2	能力层面的评估	评估兼职人员是否已经掌握了岗位必备的各项基本能力。测评的方式可以有实测操作模拟、工作成果评估、专家意见评价、直属领导评价、团队成员评议、关联方打分等
3	行为/态度层面的评估	评估兼职人员日常工作过程的行为和态度是否符合公司的要求及期望，是否存在消极怠工、违规操作等不好的态度和行为。测评的方式可以通过民主评议或直属领导打分
4	绩效层面的评估	评估兼职人员的工作成果是否达到了岗位的基本要求。测评的方式是岗位绩效评价。需要注意的是，由于兼职人员入职的时间较短，对兼职人员的要求不应过于严苛，一般是达到该岗位绩效的最低要求就可达标

5. 兼职协议必不可少

对于兼职人员，企业无须与其签订劳动合同，但必须要签兼职协议，要将双方的权利义务明确成白纸黑字。合格的兼职协议主要应涵盖以下几点：双方身份信息、工作内容、工作时间、工作地点、工作报酬、双方的权利义务（工作要求、保密义务等）以及协议的变更、解除、终止等。

6. 要注意兼职人员的用工安全

不要认为对方不是本公司的人员就不在意对方的安全。对于全职员工，公司会购买社保，发生工伤时有社保赔付。但对于兼职人员，一般公司是不会购买社保的，如果没有任何措施，发生工伤时双方的责任还真不好确定。因此，对于兼职人员，在签兼职协议时，上面一定要有发生安全问题时的责任划分。

比如，兼职人员的社保由他所在的全职公司购买，兼职所在的企业无须为其缴纳或办理社会保险。如在工作中发生工伤等，由其所在工作单位承担等。

如果情况许可的话，最好给兼职人员上一份商业意外保险，做双重保障。

第十章
留住人才,稳定队伍

第一节
人才流失的认知

一、人才流失的危害

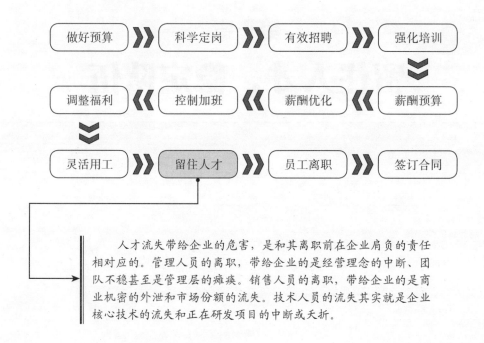

人才流失带给企业的危害,是和其离职前在企业肩负的责任相对应的。管理人员的离职,带给企业的是经营理念的中断、团队不稳甚至是管理层的瘫痪。销售人员的离职,带给企业的是商业机密的外泄和市场份额的流失。技术人员的流失其实就是企业核心技术的流失和正在研发项目的中断或夭折。

二、人才流失的原因

影响人才流失的原因主要有以下几种。

1.个人原因

因个人原因离职的员工,其大多是将企业当作自己职业生涯发展的跳板,在企业工作对他们而言就是为了获得工作经验或是学习相关技术,一旦目的达到,他们就会选择待遇更高、发展空间更大的企业服务。这种情况常见于企业招聘的新人或是大学生。

2. 组织原因

从组织方面讲,导致企业优秀员工离职的根本原因在于企业管理问题。其中管理者素质不高、员工激励机制不健全、未能建立有效的评估体系、缺乏合理的薪酬结构、未能建立针对核心员工的长期职业发展规划和企业文化氛围是存在的主要问题。正是这些原因导致企业核心员工尤其是高管人员频频跳槽。

3. 外界原因

一般来讲,各企业流失的优秀人才并没有转做他行,其中绝大部分直接加盟了自己的竞争对手,因为这些公司与各自竞争对手之间人员和技术具有非常高的替代性,其中职位结构与要求也极其相似。正因为如此,企业培养的优秀员工,如技术骨干或是部门经理等极易得到竞争对手的青睐,后者为吸引这些优秀人才加盟,往往开出优厚的条件加以猎取,这也是企业优秀员工离职的一个重要原因。

三、人才流失的特征

人才流失的特征主要如表 10-1 所示。

表 10-1 人才流失的特征

序号	特征	具体说明
1	与地域有关	大部分是从不发达地区向发达地区流动;从农村向城市流动。这是因为发达地区能提供更好的生活环境和待遇,并有更多的发展机会
2	与行业有关	竞争激烈的行业、劳动密集型的行业往往是人员频繁流失的行业。因为对于劳动密集型企业,熟练工人经常在中小企业之间流动,特别因为工资差异,使得熟练工人流失更为严重
3	与学历有关	学历高的流动性较大。很多较高学历的人在中小企业中由于与自己理想的工作岗位、待遇、环境相差较大,故流失多
4	与年龄有关	人员流失与年龄呈负相关关系,年轻人流失多,年龄大的流失少。青年劳动者学习能力强,家庭负担小,跳槽时考虑的机会成本相对较小,造成了青年员工跳槽现象普遍
5	与职业发展有关	较关注个人职业发展的员工流失严重。因为这类员工充满活力和激情,拥有高智力资本,有时把流动视为个人实现自我发展的途径

第二节
留住人才的措施

一、以优良的企业环境留住人才

要留住人才就必须为人才创造良好的环境,大开人才流动之门,让人才不想走、不愿走,而不是不能走、走不了。只有营造一个良好的工作环境的企业,才能对人才具有巨大的吸引力。对此,企业可以参考图10-1所示的措施来营造企业环境,从而留住人才。

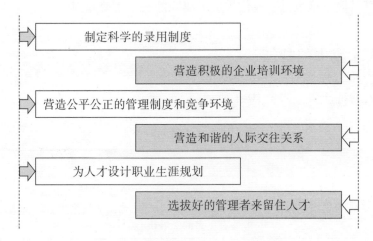

图10-1 营造优良企业环境的措施

1.制定科学的录用制度

(1)录取个人发展目标与企业目标一致的人才。面试时应通过一系列的提问、交流和沟通,对应聘者的职业取向、兴趣爱好等进行了解把握。尽可能地选择个人发展目标与企业目标一致的人才,这样会避免或者减少日后由于两者目标不一致而出现的离职行为。

(2)录取合格企业需要的人才。人才不一定最好,但一定要最合适。企业应在工作分析的基础上,结合岗位对员工的要求进行招聘。招聘中,不少企业盲目设定了很多条件,如对学历、经验、性别、年龄等,存在比较苛刻的要求。这不仅增加了成本,还为日后的人才流失埋下了隐患。所以,企业一定要招聘最合适岗位要求并有潜力的员工,而不是选择学历最高的或条件最好的。

2. 营造积极的企业培训环境

在知识经济的时代，很多企业积极为员工提供培训机会。一方面，通过培训，可以改变人才的工作态度，增长知识，增强技能，提高企业运作效率，使企业直接受益；另一方面，丰富的培训内容、众多的受教育机会，可以让而员工体会到企业对他们的重视和关心，认识到培训是企业为他们提供的最好礼物，真切地感受个人的发展与企业发展是息息相关的，离开了企业个人的发展将失去依托并受影响。因此，培训不仅是企业和员工发展的重要途径，也是企业对人才的吸引力和凝聚力之所在。从企业未来发展的角度看，培训跟上了，企业的吸引力就会大大增强，从而有效防范人才的流失。

3. 营造公平公正的管理制度和竞争环境

要留住人才，企业必须要建立一套科学的管理制度，特别是人才管理制度，在贯彻执行中坚持"公平、公开、公正"的原则，科学地考核评价员工之间的业绩和能力的差别，将科学的理念植入每个员工心中，让每个员工都清楚地认识到制度的严肃性，在工作中遵章守纪，使企业的各项管理工作有章可循，处于井井有条当中。

在人才提拔使用上摒弃"论资排辈"，实行有限的用人政策。谁有能力就用谁，谁没能力就淘汰谁，给能力高的人更多的利益，以吸引和保留他们。新员工要能做出成绩，证明自己的能力，就可以很快提拔，为人才提供足够的用武之地和广阔的发展空间，使他们能人尽其才，才尽其用。人才得到了制度公平、公正的保护，才愿意留在企业发展事业。

4. 营造和谐的人际交往关系

一是加强沟通，创造平等融洽的关系。多与人才沟通交流，关注员工的"新看法"，了解员工的疑问，询问员工对企业发展的意见和建议。同时，要向员工积极宣传企业文化，培育员工企业精神，引导员工树立正确的道德观、价值观，增加企业的凝聚力和向心力，提高员工的满意度，增强对企业的信任感、依恋感，从而树立与企业共生存、共命运的主人翁信念。

二是要以人为本，在力所能及的范围内为他们解决实际困难，排除后顾之忧，使他们与企业真正做到同呼吸、共命运。

5. 为人才设计职业生涯规划

要想留住人才，不但需要充分发挥他们的作用，还要让他们有明确的奋斗目标。企业要事先建立一套内部晋升路径，让不同类型的员工有不同的晋升路线。新员工到企业后，部门领导或人力资源部门负责人应和员工进行一次有关职业生涯设计的面谈，告知员工企业的晋升制度和路线，使员工对自己今后的努力方向有一个清楚的认识，在不断追求职业发展、实现自我价值的过程中为企业做出贡献。

职业生涯规划是企业留住人才的最佳措施。任何成功的企业，成功的根本原因是拥有高素质的企业家和高素质的员工。通过企业员工职业生涯开发与管理，努力提供人才施展才能的舞台，实现人才的自我价值，是留住人才、凝聚人才的根本保证，也是企业长盛不衰的保证。一旦人的才能和潜力得到充分发挥，人才资源不虚耗与浪费，企业的生存成长就有了取之不尽、用之不竭的源泉。

6.选拔好的管理者来留住人才

有一个良好的管理者也是很重要的，要留住能干的员工，就必须靠能干的人管理他们，对于才华横溢、个性独立的员工来说，他们是不会委身于平庸的管理者门下的。

作为领导，要以身作则，尊重人才，耐心聆听、虚心接受人才的建议与要求；关心人才，经常深入基层，倾听人才的意见，了解其在工作中遇到的困难和需要的帮助。领导和员工之间不再只是一种单纯的领导和被领导关系，而是一种全新的伙伴式关系，共同营造出一种民主、进取、合作的健康氛围，团结互助的企业文化，在员工间营造一种和谐融洽的人际关系。

> **小提示**
>
> 有时候良好的人际关系、有效的人员沟通往往是吸引和留住人才的重要因素；而相互倾轧、勾心斗角的人际关系却是造成人才离职的罪魁祸首。

二、以事业驱动机制留住人才

建功立业，有所成就，可以说是人才的共同追求。没有哪个有志者甘于平庸，不思进取，当一天和尚撞一天钟。要想聚才，就要让他事业有成。因此，为了留住人才，企业就要坚决冲破一切束缚人才发展的做法和规定，形成鼓励人才干事业，支持人才成事业的良好驱动机制，具体措施如图10-2所示。

给人才搭建施展才华的平台
要为人才安排合适的工作岗位
大胆用人
实行"能者上、平者让、庸者下"的动态管理机构
让人才积极参与企业决策

图10-2 以事业驱动机制留住人才的措施

1. 给人才搭建施展才华的平台

一方面要根据员工个人优势,积极推行一系列新措施,如课题公开招标、课题承包、岗位公开竞聘、专技人才跨系统交流等,尤其要实施管理和技术"两条腿走路";另一方面为人才提供其创活动所需要的资源,包括资金、物质上的支持,也包括人力资源的利用。

2. 要为人才安排合适的工作岗位

一方面,应科学合理地进行各种配置、安排工作内容,将合适的人放到合适的岗位上,用人之长,为人才提供一展所长的机会;另一方面,还应注意复合人才对业务的兴趣。兴趣是一个人努力工作的最持久、最强劲的动力。当一个人对某项工作感兴趣的时候,它即使不分昼夜地工作也不会觉得累;而当他对工作厌烦的时候,即使干一个小时,也会觉得身心疲惫。要让人才留在企业,就得让他觉得他现在所做的工作是非常符合他个人兴趣的。

3. 大胆用人

在用人上坚持"人有多大胆,就搭多大台",要敢于让有才华、有抱负的人才特别是青年人才"挑大梁",担重担,承担具有挑战性的、前沿性的工作,为他们成长创造条件、营造环境、搭设舞台,使他们尽快在自己的岗位上做出成绩,干出一番事业。如果有人才不用或不敢放手使用,使他们得不到锻炼,无法成长,有哪一个人才会甘心青春岁月白白耗费,一事无成呢?

4. 实行"能者上、平者让、庸者下"的动态管理机构

通过不断调整,优化组合,使人才在企业内部人力资源的流动中不断调整、完善,从而找到最合适自己的位置,发挥出人才的效能。要给能人施展才华的舞台,用事业留住人才,让人才在竞争中求发展,实现人才的"再生产"。

企业应让每一位员工都知道,只要在工作中不断提高能力,努力工作,就有希望担任更重要的工作,从而大大降低员工流失率。

5. 让人才积极参与企业决策

如今是知识爆炸的时代,各种学科、领域之间交叉得越来越多,管理者不可能掌握所有的知识和信息,分权成为客观要求,技术方面的决策也可适当放下,让员工选择工作伙伴,这样既可以使决策切实可行,又能使员工感到能驾驭工作环境,满足知识员工工作的兴奋感和被企业委以重任的成就感等需要。

三、以科学合理的薪酬机制留住人才

环境、事业对留住人才，无疑是重要的，但更重要的是"待遇"。为此，企业必须建立和完善科学合理、行之有效的薪酬制度，具体要求如图 10-3 所示。

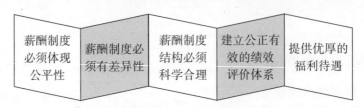

图 10-3　以科学合理的薪酬机制留住人才的要求

1. 薪酬制度必须体现公平性

从横向看，企业应从图 10-4 所示的三个方面来确保薪酬制度的公平合理。

 同一行业、同一地区或同等规模的不同企业中类似职位的报酬应基本相同

 同一企业中不同职务所获报酬与各自的贡献成正比，使员工感到自己与同事间付出和所得到的关系上合理

 同一企业内部那些承担相同工作或具有相同技能水平的员工间的薪酬关系合理

图 10-4　从横向确保薪酬制度的公平合理

从纵向看，企业的薪酬水平应随市场水平的变化随时加以调整。企业应完善工资增长与职业能力水平及市场工资水平的增长保持同步，甚至略高。

2. 薪酬制度必须有差异性

这主要体现在表现突出的人与表现平庸的人的差距一定要拉开，可实行绩效工资制。人才管理的关键，是要有一个能充分体现人才价值的激励机制，"大锅饭"是滋养庸才的乐土，磨灭人才激情的利刃。薪酬不仅是"面包"的来源，更代表了人才在企业中的地位与价值。

3. 薪酬制度结构必须科学合理

一个结构的合理、管理良好的薪酬制度能吸引且留住人才。较高的薪金会带来更高的满意度，与之俱来的还有降低的离职率。企业应建立以岗位工资为主体，多种分配形式并存的薪酬制度。

比如，对高级管理员工实行年薪制；对优秀的销售人员采用营销提成制；并设立奖励制度，对提出合理化建议、取得重大技术改进等人才实行重奖。

4. 建立公正有效的绩效评价体系

绩效考评对人才具有极其重要的作用，每个员工都渴望自己付出的努力和工作得到企业的肯定和承认。对人才而言，他们最关注绩效考评是否客观公正，因为这直接和薪酬、福利、晋升及能否受到别人的尊重密切相关。

5. 提供优厚的福利待遇

为了把人才留住，仅仅通过各种方式使他们增加收入是不够的。因为就企业的效益和所处的内外环境来看，大幅度提高薪酬是不现实的。而优厚的福利在改善人际关系、增加员工满意度和安全感、吸引和保留人才方面都可以起到直接提高薪酬水平很难起到的作用。

目前，福利制度已经成为很多企业吸引优秀人才、留住人才、增强企业凝聚力的重要措施。

比如，有的企业始终把员工看成是公司的宝贵资产。为了留住人才，在房价高涨的情况下，及时推出购房贷款的福利项目，员工在购房时助其一臂之力。这样一来，加深了员工和公司之间长期的心灵契约，可有效防止人才的流失。

案例

高薪也未必能留住人才

【案例背景】

A公司是一家生产日化产品的企业。几年来，公司业务一直发展很好，销售量逐年上升，每到销售旺季，公司就会到人才市场大批招聘销售人员，一旦到了销售淡季，公司又会大量裁减销售人员。关于这件事，销售部陈经理曾与王总经理探讨了好几次，而王总经理却说："人才市场中有非常多的人，只要我们工资待遇高，还怕找不到人吗？一年四季把他们'养'起来，这样做费用太高了。"不可避免，此种做法直接导致A公司的销售人员流动很大，包括一些销售骨干也纷纷跳槽，虽然王总经理对销售骨干极力挽留，但仍然没有效果。不过，王总经理也不以为然，仍照着惯例，派人到人才市场中去招人来填补空缺。

可到了今年公司销售旺季时，跟随王总经理多年的陈经理和公司大部分销售人员集体辞职，致使公司销售工作一时近乎瘫痪。这时，王总经理才感到问题有些严重,因为人才市场上可以招到一般的销售人员,但不一定总能找到优秀的销售人才和管理人才。在这种情势下,他亲自到陈经理家中,开出极具诱惑力的年薪,希望他和一些销售骨干能重回公司。然而,这不菲的年薪,依然没能召回这批曾经与他多年浴血奋战的老部下。

直到此时,王总经理才有些后悔,为什么以前没有下功夫去留住这些人才呢?同时,他也陷入了困惑,如此高的薪金,他们为什么也会拒绝?到底靠什么留住人才呢?

【点评】

人才流失不单是A公司,也是许多企业普遍头痛的问题。而A公司留不住人才,在激励、内部沟通等机制上存在许多问题,但造成这些问题的关键在于对人才的不重视,缺乏正确的人力资源观。A公司是传统的以"事"为中心,而不是以"人"为中心的管理模式。这一点,也可以从A公司的组织结构中看出,A公司只是在办公室下设了一个人事主管,从事的只是员工的考勤、招聘、档案管理等简单的人事管理。

企业要想真正留住人才,必须树立现代的人力资源观,尽快从传统的人事管理转变到人力资源管理。需要指出的是,在知识经济时代,不仅要把人力作为一种资源,而且应当作为一种创造力越来越大的资本进行经营与管理。

除了观念改变,企业管理者还应在这几方面多下功夫。

(1) 将员工的个人进步融入企业的长远规划之中,让企业的发展为员工提供更大的空间和舞台,让员工的进步推动企业的更大发展,让员工在企业里有自己明确的奋斗目标,感到自己在企业里"有奔头"、有价值,愿意在企业长期干下去。

(2) 在公平、合理的激励机制下建立薪酬体系、晋升制度,如果企业效益增加了,员工的收入不能相应提高,吸引人、留住人将是一句空话。

(3) 营造一个和谐的工作环境和人际关系氛围,让员工能够在工作中找到并享受乐趣。

第十一章
员工离职,正确处理

第一节
员工离职的认知

一、员工离职的概念

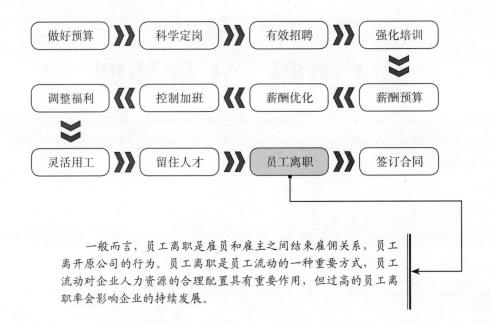

一般而言,员工离职是雇员和雇主之间结束雇佣关系,员工离开原公司的行为。员工离职是员工流动的一种重要方式,员工流动对企业人力资源的合理配置具有重要作用,但过高的员工离职率会影响企业的持续发展。

二、员工离职的方式

员工离职,也就是员工与企业解除劳动合同并结束雇佣关系。劳动合同的解除,是指劳动合同在订立以后,尚未履行完毕或者全部履行以前,由于合同双方或者单方的法律行为导致双方当事人提前解除劳动关系的法律行为。劳动合同的解除情形有以下四种。

1. 劳动合同终止解除劳动合同

《中华人民共和国劳动合同法》(以下简称《劳动合同法》)第四十四条规定,有下列情形之一的,劳动合同终止。

(1) 劳动合同期满的。

（2）劳动者开始依法享受基本养老保险待遇的。

（3）劳动者死亡，或者被人民法院宣告死亡或者宣告失踪的。

（4）用人单位被依法宣告破产的。

（5）用人单位被吊销营业执照、责令关闭、撤销或者用人单位决定提前解散的。

（6）法律、行政法规规定的其他情形。

2. 协商一致解除劳动合同

《劳动合同法》第三十六条规定："用人单位与劳动者协商一致，可以解除劳动合同。"

如是用人单位向劳动者提出解除劳动合同，并与劳动者协商一致的，需支付经济补偿金；反之，如是劳动者提出解除劳动合同的，用人单位则不需要支付经济补偿金。

3. 劳动者单方解除劳动合同

即具备法律规定的条件时，劳动者享有单方解除权，无须双方协商达成一致意见，也无须征得用人单位的同意。具体又可以分为预告解除和即时解除。

（1）预告解除。《劳动合同法》第三十七条规定："劳动者提前三十日以书面形式通知用人单位，可以解除劳动合同。劳动者在试用期内提前三日通知用人单位，可以解除劳动合同。"

因此，在合同期内，如果劳动者遇到了更好的工作岗位，也不能"说走就走"，必须提前以书面形式通知单位；否则，将可能承担相应的赔偿责任。

> **小提示**
>
> 对于劳动者单方预告解除劳动合同的，用人单位无须支付经济补偿金。

（2）即时解除。《劳动合同法》第三十八条规定：用人单位有下列情形之一的，劳动者可以解除劳动合同。

① 未按照劳动合同约定提供劳动保护或者劳动条件的。

② 未及时足额支付劳动报酬的。

③ 未依法为劳动者缴纳社会保险费的。

④ 用人单位的规章制度违反法律、法规的规定，损害劳动者权益的。

⑤ 因本法第二十六条第一款规定的情形致使劳动合同无效的。

⑥ 法律、行政法规规定劳动者可以解除劳动合同的其他情形。

用人单位以暴力、威胁或者非法限制人身自由的手段强迫劳动者劳动的，或者用人单位违章指挥、强令冒险作业危及劳动者人身安全的，劳动者可以立即解除劳动合同，不需事先告知用人单位。

> **小提示**
>
> 对于劳动者可即时解除劳动合同的上述情形，劳动者无须支付违约金，用人单位应当支付经济补偿。

4. 用人单位单方解除劳动合同

即具备法律规定的条件时，用人单位享有单方解除权，无须双方协商达成一致意见。主要包括过错性辞退、非过错性辞退、经济性裁员三种情形。

（1）过错性辞退。过错性辞退是指在劳动者有过错性情形时，用人单位有权单方解除劳动合同。对此，《劳动合同法》第三十九条有如下规定。

劳动者有下列情形之一的，用人单位可以解除劳动合同。

① 在试用期间被证明不符合录用条件的。

② 严重违反用人单位的规章制度的。

③ 严重失职，徇私舞弊，给用人单位造成重大损害的。

④ 劳动者同时与其他用人单位建立劳动关系，对完成本单位的工作任务造成严重影响，或者经用人单位提出，拒不改正的。

⑤ 以欺诈、胁迫的手段或者乘人之危，使对方在违背真实意思的情况下订立或者变更劳动合同致使劳动合同无效的。

⑥ 被依法追究刑事责任的。

> **小提示**
>
> 过错性解除劳动合同在程序上没有严格限制。用人单位无须支付劳动者解除劳动合同的经济补偿金。若规定了符合法律规定的违约金条款的，劳动者须支付违约金。

（2）非过错性辞退。非过错性辞退即劳动者本人无过错，但由于主客观原因致使劳动合同无法履行，用人单位在符合法律规定的情形下，履行法律规定的程序后有权单方解除劳动合同。对此，《劳动合同法》第四十条有如下规定。

有下列情形之一的，用人单位提前三十日以书面形式通知劳动者本人或者额外支付劳动者一个月工资后，可以解除劳动合同。

① 劳动者患病或者非因工负伤，在规定的医疗期满后不能从事原工作，也不能从事由用人单位另行安排的工作的。

② 劳动者不能胜任工作，经过培训或者调整工作岗位，仍不能胜任工作的。

③ 劳动合同订立时所依据的客观情况发生重大变化，致使劳动合同无法履行，经用人单位与劳动者协商，未能就变更劳动合同内容达成协议的。

> **小提示**
>
> 用人单位非过错性辞退员工时，应当向劳动者支付经济补偿金。

（3）经济性裁员。经济性裁员是指用人单位由于经营不善等经济原因，一次性辞退部分劳动者的情形。经济性裁员具有严格的条件和程序限制，对此《劳动合同法》第四十一条有如下规定。

有下列情形之一，需要裁减人员二十人以上或者裁减不足二十人但占企业职工总数百分之十以上的，用人单位提前三十日向工会或者全体职工说明情况，听取工会或者职工的意见后，裁减人员方案经向劳动行政部门报告，可以裁减人员。

① 依照企业破产法规定进行重整的。

② 生产经营发生严重困难的。

③ 企业转产、重大技术革新或者经营方式调整，经变更劳动合同后，仍需裁减人员的。

④ 其他因劳动合同订立时所依据的客观经济情况发生重大变化，致使劳动合同无法履行的。

裁减人员时，应当优先留用下列人员。

① 与本单位订立较长期限的固定期限劳动合同的。

② 与本单位订立无固定期限劳动合同的。

③ 家庭无其他就业人员，有需要扶养的老人或者未成年人的。

用人单位依照本条第一款规定裁减人员，在六个月内重新招用人员的，应当通知被裁减的人员，并在同等条件下优先招用被裁减的人员。

> **小提示**
>
> 用人单位依照企业破产法规定进行重整的经济性裁员时，应当支付劳动者经济补偿金。

三、离职成本的组成

离职成本包括直接离职成本和间接离职成本两种，具体如表 11-1 所示。

表 11-1　离职成本的构成

序号	成本种类	具体说明
1	直接离职成本	（1）公司在离职员工任职期间为其培训/教育等方面投入的成本，以及参加培训期间的差旅费等 （2）知识产权的流失成本（重要的资料/文件/知识和技能等） （3）有关客户、供应商因员工离职而中断，为维持和恢复与客户、供应商的关系而付出的成本 （4）离职面谈成本，以及离职经济补偿成本 （5）员工辞职引发的连锁流动成本 （6）与离职员工有关的劳动仲裁和法律诉讼成本
2	间接离职成本	（1）离岗空缺成本：内部员工填补空缺成本和需要额外临时工的成本 （2）替代成本：广告、招聘成本；笔试、面试成本；招聘专员和用人部门主管或候选人的面试差旅费、住宿费、伙食费和面试地的租赁费等；新员工在试用期内工作动态的跟踪和反馈成本 （3）培训成本：各部门培训师的成本；专门或一对一的培训成本；培训资料成本；培训学员的工资和福利成本；培训管理（考试、记录）、跟踪等成本 （4）损失的生产率成本：离职员工在参加公司培训期间损失的生产率成本；离职员工提出辞职后的1~2个月内损失的生产率成本；空缺岗位损失的生产率成本；员工离职造成其他部门员工士气受到影响而导致他们生产率下降的成本

第二节

离职成本的控制

一、保持员工队伍的稳定

员工离职是每个企业都会面临的问题，保持一定的流动是有益的，比如可以减少冗员，提高效率，为其他员工留出更多的发展空间，并且还能引入"新鲜血液"，增强企业活力。但是员工离职率一旦超过一定的限度，特别是企业非自愿离职情况增加时，则会对企业带来不利影响。骨干员工的流失或者普通员工短期内大量离职，不仅会对公司目前工作的开展造成损失，同时也可能影响到整个公司的工作气氛，产生诸多消极影响。因此，如何稳定员工队伍，降低离职率，成为企业不得不解决的问题。

加强员工的稳定性，不是在员工已经出现了问题的时候才着手，而是应该从员工进入企业的时候就开始，这是一个动态而长期的过程。一方面是因为影响员工的稳定性因素复杂多样;另一方面是员工自身的条件以及心理素质也在不断变化,所以这就决定了提高企业员工稳定性绝非一蹴而就的事情。

1. 招聘期

在招聘期,重点是要过滤掉一批显然不会在企业长期待下去的应聘者。有些企业在招聘的时候,往往只重视求职者的工作能力,其实通过对其就业经历的仔细分析,并在面谈时注重价值观和就业倾向的判断,就比较容易避免招入"不安定"分子,增加企业的额外成本。

同时也要让求职者充分了解企业及其工作的真实情况,一方面可以树立企业诚信的声誉;另一方面会减少因为沟通不畅对双方造成的损失。

2. 导入期

导入期是员工逐步了解、逐步融入企业的关键时期,这个时候企业培训就显得非常重要。企业培训主要包括企业文化传输、管理制度学习、岗位技能训练,这些工作如果做得到位,就会增强员工对企业价值观的认同,并且可以比较迅速地开展工作,有效缩短适应期,这对初步培养员工对企业的忠诚度是很有帮助的。

3. 稳定期

员工基本能胜任工作,并且对工作环境,人际环境都比较熟悉后,会进入稳定期,这个时候重要的是提高员工满意度。

比如,提供富有挑战性的工作,建立合理的薪酬制度和公平透明的晋升发展通道,实行人性化管理等,实际上就是充分发挥企业基础设施的作用,为员工创造一个良好的大环境,在员工满意的基础上保证队伍的稳定性。

4. 动荡期

动荡期的出现一般是有规律的。

一是个人发展规律。据研究标明,一个员工在进入新组织后一年左右的时间最容易出现波动,因为他的发展会遇到第一个瓶颈,人容易变得浮躁或者彷徨,外界稍有刺激或者内部突遇不顺,那么离职的可能性就很大。

二是在企业发展的困难时期,也容易产生员工的动荡,所以企业应该有预见性地做人力状况调查,把有思想动态的人查找出来,有针对性地做工作,可能会起到事半功倍的效果。

5. 离职期

离职期是员工明确提出要离开的时期,这个时候企业应该进行充分的情况调查,了解他离开的真实原因。如果员工是企业需要的人才，就应该努力做挽留工作，改善员工不满的外在因素，疏导他存在的心理问题，尽量减少企业的损失。如果真的无法挽留，那么离职面谈仍然是必要的，通过面谈，可以了解企业现实存在的一些问题，在今后的工作中改进。

另外，面谈可以使员工在良好的气氛下离职，这有利于延续员工对企业的感情，同时对现有员工也会有好的影响，因为他们可以感受到公司对员工的尊重，这也能够在一定程度上增强其他员工的稳定性。

总之，员工的稳定是相对的，企业应该有比较明确的人员流动性指标，在企业生命周期以及员工个人发展周期中，有计划地实现员工队伍的稳定，使人力配置和人员结构始终处在一个比较理想的状态。

二、做好离职面谈

离职面谈是企业与员工最后一次面对面的正式的交流和沟通。通过离职面谈，了解员工离职的真实原因，不仅是对离职员工的恳切挽留，体现出企业人性化管理，使在职员工感受到企业对他们的重视和关怀，从而意识到自身价值的重要性，同时也可以预防可能出现的攻击企业的行为发生，树立良好的企业形象。

1. 面谈原则

本着善待离职者原则，对于主动离职员工，通过离职面谈了解员工离职的真实原因以便公司改进管理；对于被动离职员工，通过离职面谈提供职业发展建议，不让其带着怨恨走；诚恳地希望离职员工留下联系方式，以便跟踪管理。

2. 离职面谈的沟通时机

第一次：得到员工离职信息时。

对于主动提出辞职的员工，员工直接上级或其他人得到信息后应立即向其部门负责人和人力资源部员工关系专员反映，拟辞职员工部门负责人应立即进行离职面谈，了解离职原因，对于欲挽留员工要进行挽留面谈，对于把握不准是否挽留的应先及时反馈人力资源部以便共同研究或汇报，再采取相应措施。

第二次：员工离职手续办理完毕准备离开公司的最后一个工作日。

对于最终决定同意离职的员工，由人力资源部进行第二次离职面谈。一般员工由员工关系管理员进行离职面谈；二级部门负责人以上员工（含二级部门负责人）由人力资源部负责人进行离职面谈。

第二次面谈过程中，员工关系管理员或人力资源部负责人填写"离职员工面谈表"的相关内容，离职员工签字认可后存档。

3. 离职面谈的技巧

为得知员工离职原因,针对这些原因改进,防止流失更多员工,降低成本,面谈应具备图 11-1 所示的技巧。

技巧一	面谈应该有目的,有提纲,有针对性
技巧二	面谈地点应该具有隐私性,避免被打断和干扰。应选择轻松、明亮的空间,好的访谈环境有利于让离职员工无拘无束地谈论问题
技巧三	安排足够时间,可以使离职员工畅所欲言
技巧四	真诚交谈,以得到有价值的回馈
技巧五	做好面谈记录。面谈结束之后,应将面谈记录汇整,针对内容分析整理出离职的真正原因,并且提出改善建议以防范类似事件再度发生

图 11-1 离职面谈的技巧

三、依法补偿员工

企业应增强法律观念,依法辞退员工、解除与终止劳动合同,并依法给予员工相应的补偿金。

1. 违约金

违约金,也称违约罚款,是指合同当事人约定在一方不履行合同时向另一方支付一定数额的货币。违约金可分为赔偿性违约金和惩罚性违约金。

《劳动合同法》第二十五条规定:"除本法第二十二条和第二十三条规定的情形外,用人单位不得与劳动者约定由劳动者承担违约金。"

《劳动合同法》第二十二条规定如下。

用人单位为劳动者提供专项培训费用,对其进行专业技术培训的,可以与该劳动者订立协议,约定服务期。

劳动者违反服务期约定的,应当按照约定向用人单位支付违约金。违约金的数额不得超过用人单位提供的培训费用。用人单位要求劳动者支付的违约金不得超过服务期尚未履行部分所应分摊的培训费用。

用人单位与劳动者约定服务期的,不影响按照正常的工资调整机制提高劳动者在服务期期间的劳动报酬。

《劳动合同法》第二十三条规定如下。

用人单位与劳动者可以在劳动合同中约定保守用人单位的商业秘密和与知识产权相关的保密事项。

对负有保密义务的劳动者，用人单位可以在劳动合同或者保密协议中与劳动者约定竞业限制条款，并约定在解除或者终止劳动合同后，在竞业限制期限内按月给予劳动者经济补偿。劳动者违反竞业限制约定的，应当按照约定向用人单位支付违约金。

2. 经济补偿金

（1）必须支付经济补偿的情况。《劳动合同法》第四十六条规定，有下列情形之一的，用人单位应当向劳动者支付经济补偿。

① 劳动者依照本法第三十八条规定解除劳动合同的。

② 用人单位依照本法第三十六条规定向劳动者提出解除劳动合同并与劳动者协商一致解除劳动合同的。

③ 用人单位依照本法第四十条规定解除劳动合同的。

④ 用人单位依照本法第四十一条第一款规定解除劳动合同的。

⑤ 除用人单位维持或者提高劳动合同约定条件续订劳动合同，劳动者不同意续订的情形外，依照本法第四十四条第一项规定终止固定期限劳动合同的。

⑥ 依照本法第四十四条第四项、第五项规定终止劳动合同的。

⑦ 法律、行政法规规定的其他情形。

具体来看，企业应向员工支付经济补偿金的情形如表11-2所示。

表11-2　企业应向员工支付经济补偿金的情形

序号	需支付的情形	具体说明
1	员工解除合同	（1）企业未按照劳动合同约定提供劳动保护或者劳动条件，员工解除劳动合同的 （2）企业未及时足额支付劳动报酬，员工解除劳动合同的 （3）企业未依法为员工缴纳社会保险费，员工解除劳动合同的 （4）企业的规章制度违反法律、法规的规定，损害员工权益，员工解除劳动合同的 （5）企业以欺诈、胁迫的手段或者乘人之危，使员工在违背真实意思的情况下订立或者变更劳动合同，致使劳动合同无效，员工解除劳动合同的 （6）企业免除自己的法定责任、排除员工权利，致使劳动合同无效，员工解除劳动合同的 （7）企业订立劳动合同违反法律、行政法规强制性规定，致使劳动合同无效，员工解除劳动合同的 （8）法律、行政法规规定的其他情形 （9）企业以暴力、威胁或者非法限制人身自由的手段强迫劳动，员工解除劳动合同的 （10）企业违章指挥、强令冒险作业危及员工人身安全，员工解除劳动合同的 （11）低于当地最低工资标准支付员工工资的

续表

序号	需支付的情形	具体说明
2	企业解除劳动合同	（1）企业提出，双方协商解除劳动合同的 （2）员工患病或者非因工负伤，在规定的医疗期满后不能从事原工作，也不能从事由企业另行安排的工作，企业解除劳动合同的 （3）员工不能胜任工作，经过培训或者调整工作岗位，仍不能胜任工作，企业解除劳动合同的 （4）劳动合同订立时所依据的客观情况发生重大变化，致使劳动合同无法履行，经企业与员工协商，未能就变更劳动合同内容达成协议，企业解除劳动合同的 （5）企业依照企业破产法规定进行重整，依法裁减人员的 （6）企业生产经营发生严重困难，依法裁减人员的 （7）企业转产、重大技术革新或者经营方式调整，经变更劳动合同后，仍需裁减人员，企业依法定程序裁减人员的 （8）其他因劳动合同订立时所依据的客观经济情况发生重大变化，致使劳动合同无法履行，企业依法定程序裁减人员的
3	劳动合同终止	（1）劳动合同期满，员工同意续订劳动合同而企业不同意续订劳动合同，由企业终止固定期限劳动合同的 （2）因企业被依法宣告破产而终止劳动合同的 （3）因企业被吊销营业执照、责令关闭、撤销或者企业决定提前解散而终止劳动合同的
4	其他情形	（1）企业自用工之日起超过一个月不满一年，员工不与企业订立书面劳动合同的，企业应当书面通知劳动者终止劳动关系，并支付经济补偿 （2）以完成一定工作任务为期限的劳动合同因任务完成而终止的

（2）经济补偿的计算。在劳动合同解除或终止，企业依法支付经济补偿时，就涉及如何计算经济补偿的问题。计算经济补偿的普遍模式是：工作年限 × 每工作一年应得的经济补偿。

① 经济补偿的计算标准。经济补偿的计算标准如图11-2所示。

1 经济补偿按员工在本企业工作的年限，每满一年支付一个月工资的标准向员工支付

2 六个月以上不满一年的，按一年计算

3 不满六个月的，向员工支付半个月工资的经济补偿

图 11-2 经济补偿的计算标准

② 经济补偿的计算基数。计算经济补偿时，工作满一年支付一个月工资。一个

月工资是指员工解除或者终止劳动合同前十二个月的平均工资。

③ 用人单位依法解除劳动合同经济补偿的计算。用人单位依法解除劳动合同经济补偿的计算如表11-3所示。

表 11-3 用人单位依法解除劳动合同经济补偿的计算

序号	情形	计算依据
1	经协商由企业解除劳动合同	经劳动合同当事人协商一致，由企业解除劳动合同的，企业应根据员工在本企业工作年限，每满1年发给相当于1个月工资的经济补偿金，最多不超过12个月。工作时间不满1年的按1年的标准发给经济补偿金
2	员工患病或非因工负伤，经确定不能工作而解除劳动合同	员工患病或者非因工负伤，经劳动鉴定委员会确认不能从事原工作，也不能从事企业另行安排的工作而解除劳动合同的，企业应按其在本企业的工作年限，每满1年发给相当于1个月工资的经济补偿金，同时还应发给不低于6个月工资的医疗补助费。患重病或绝症的还应增加医疗补助费，患重病的增加部分不低于医疗补助费的50%，患绝症的增加部分不低于医疗补助费的100%
3	因员工不能胜任工作而解除劳动合同	员工不能胜任工作，经培训或调整工作岗位后仍不能胜任的，由企业解除劳动合同的，企业应当根据其在本企业的工作年限，工作时间满1年，发给相当于1个月工资的经济补偿金，最多不超过12个月
4	劳动合同订立时所依据的客观情况发生变化而解除劳动合同	劳动合同订立时所依据的客观情况发生重大变化，致使原劳动合同无法履行，经当事人协商不能就变更劳动合同达成协议，由企业解除劳动合同的，企业按员工在本企业工作的年限，工作时间每满1年发给相当于1个月工资的经济补偿金
5	用人单位经营困难，裁员而解除劳动合同	企业濒临破产进行法定整顿期间或者生产经营状况发生严重困难，必须裁减人员的，企业按被裁减人员在本企业工作的年限支付经济补偿。在本企业工作时间每满1年，发给相当于1个月工资的经济补偿金
6	逾期给付经济补偿金	企业解除劳动合同后，未按规定给予员工经济补偿的，除全额发给经济补偿金外，还须按该经济补偿金数额的50%支付额外经济补偿金

④ 经济补偿的计算封顶。这是在经济补偿部分对高端员工做出的一定限制。即从工作年限和月工资基数两个方面做了限制，规定员工月工资高于企业所在直辖市、市区的市级人民政府公布的上年度员工月平均工资3倍的，企业向其支付经济补偿的标准按员工月平均工资3倍的数额支付，向其支付经济补偿的年限最高不超过12年。

3. 赔偿金

赔偿金是指企业违反劳动法规定解除或者终止劳动合同，给员工造成损失的赔偿。

（1）赔偿金适用条件。《劳动合同法》第四十八条规定："用人单位违反本法规定解除或者终止劳动合同，劳动者要求继续履行劳动合同的，用人单位应当继续履行；劳动者不要求继续履行劳动合同或者劳动合同已经不能继续履行的，用人单位应当依照本法第八十七条规定支付赔偿金。"

《劳动合同法》第八十五条规定："用人单位有图 11-3 所示情形之一的，由劳动行政部门责令限期支付劳动报酬、加班费或者经济补偿；劳动报酬低于当地最低工资标准的，应当支付其差额部分；逾期不支付的，责令用人单位按应付金额百分之五十以上百分之一百以下的标准向劳动者加付赔偿金。"

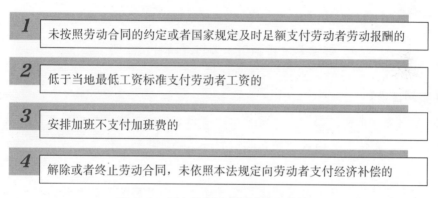

图 11-3　用人单位需支付赔偿金的情形

（2）赔偿金的标准。根据《劳动合同法》的相关规定，赔偿金的计算如表 11-4 所示。

表 11-4　赔偿金的计算

序号	情形	赔偿金的计算
1	造成劳动者工资收入损失的	赔偿金＝应付劳动者的工资 ×25%
2	造成劳动者劳动保护待遇损失的	按国家规定补足劳动者的保护津贴和用品
3	造成劳动者工伤、医疗保险待遇损失的	赔偿金＝国家规定为劳动者提供的工伤、医疗待遇＋医疗费用 ×25%
4	造成女职工和未成年工身体健康损害的	赔偿金＝按国家规定提供治疗期间的医疗待遇＋医疗费用 ×25%
5	拒不支付加班费的	赔偿金＝加班费＋应付劳动者的工资 ×（50%～100%）
6	未按照劳动合同的约定或者国家规定及时足额支付劳动者劳动报酬的	赔偿金＝差额部分＋应付劳动者的工资 ×（50%～100%）

续表

序号	情形	赔偿金的计算
7	用人单位支付劳动者工资低于当地最低工资标准的	赔偿金＝差额部分＋应付劳动者的工资×（50%～100%）
8	解除或者终止劳动合同，未依照《劳动合同法》规定向劳动者支付经济补偿的	赔偿金＝经济补偿金＋应付劳动者的工资×（50%～100%）
9	用人单位违反本法规定解除或者终止劳动合同的	赔偿金＝经济补偿标准×2

解除非全日制员工要付经济补偿金吗

【案例背景】

彭某做会计出身，因女儿大学毕业后在北京安家落户，所以彭某辞职跟随女儿来到北京，会计出身的她很快在北京的一家公司找到一份工作，每月临近月末时的5天到该公司核算账目等，每天工作4小时，每月工作5天，每小时工资12元。可是彭某干了没几个月，彭某的女儿生孩子，月末时彭某不能准时为该公司核算账目。因此，该公司电话通知彭某解除劳动合同。彭某认为，依照《劳动合同法》的规定，用人单位擅自解除劳动合同的，应当支付经济补偿金等。于是，彭某向劳动仲裁委员会提请劳动仲裁，要求该公司支付经济补偿金。那么彭某所在的公司能否与彭某解除劳动合同？是否需要向彭某支付经济补偿金呢？

【点评】

1. 非全日制劳动合同如何终止

《劳动合同法》第七十一条规定："非全日制用工双方当事人任何一方都可以随时通知对方终止用工。""终止用工"既包括因劳动合同期限届满而终止，也包括劳动合同未到期的提前解除。通知既可以是书面形式也可以是口头形式。在《劳动合同法》实施之前，劳动和社会保障部的《关于非全日制用工若干问题的意见》中第七条规定，"非全日制劳动合同的终止条件，按照双方的约定办理。劳动合同中，当事人未约定终止劳动合同提前通知期的，任何一方均可以随时通知对方终止劳动合同；双方约定违约责任的，按照约定承担赔偿责任。"《劳动合同法》规定了比之更为宽松的合同终止条件，目的在于促进非全日制用工的发展。

实际上,《劳动合同法》做出这样的规定是对非全日制用工不得约定试用期的一种救济性规定。因为对用人单位来说,不约定试用期,就无法获知劳动者是否符合录用条件,如果不允许用人单位可以随时解除劳动合同,那么对用人单位来说是极不公平的。同时,对于劳动者来说,随时可以解除劳动合同,而没有全日制用工需提前三十日以书面形式解除劳动合同的限制,也便于劳动者随时调整工作状态,优化劳动力资源。

因此,彭某依法属于非全日制用工,其所在公司以电话形式口头通知彭某解除劳动合同的方式是符合法律规定的。

2.非全日制劳动者能否享有经济补偿金

《劳动合同法》第七十一条规定,非全日制用工双方当事人终止用工的,用人单位无须向劳动者支付经济补偿。法律对非全日制劳动者没有给予与全日制劳动者同样的保护,主要是考虑到目前全日制用工仍然占我国用工形式的主流,为的是更好地利用非全日制用工的特点,保护非全日制用工的发展从而促进我国的就业,优化劳动力配置。

因此,彭某提出要求公司支付经济补偿金的仲裁请求没有法律依据,仲裁庭不予受理。

四、依法保护商业秘密

用人单位与劳动者可以在劳动合同中约定保守用人单位的商业秘密和与知识产权相关的保密事项。

对负有保密义务的劳动者,用人单位可以在劳动合同或者保密协议中与劳动者约定竞业限制条款,并约定在解除或者终止劳动合同后,在竞业限制期限内按月给予劳动者经济补偿。劳动者违反竞业限制约定的,应当按照约定向用人单位支付违约金。

1.确定商业秘密的范围

依据《中华人民共和国反不正当竞争法》(以下简称《反不正当竞争法》第十条的规定,商业秘密指一切不为公众所知悉、能为权利人带来经济利益、具有实用性并经权利人采取保密措施的技术信息和经营信息。其范围具体包括的内容,如表11-5所示。

表 11-5　商业秘密的范围

序号	范围	具体说明
1	产品	企业开发的新产品在既没有申请专利，又未投放市场之前，是企业的商业秘密；有些产品即便公开面市，但是产品的组成方式也可能是商业秘密
2	配方	
3	工艺程序	产品由于投放市场可能完全公开，但生产产品的工艺程序，特别是生产操作的知识和经验，是重要的商业秘密。许多技术诀窍即是这类典型的商业秘密
4	改进的机器设备	在公开的市场上购买的机器设备不是商业秘密，但企业提出特殊设计而定制的设备，或设备购买后企业技术人员对其进行改进之处，也属企业的商业秘密
5	图纸	产品图纸、模具图纸以及设计草图等都是重要的商业秘密
6	研究开发的文件	记录新技术研制开发活动内容的各类文件，比如会议纪要、实验结果、技术改进通知、检验方法等，都是商业秘密
7	客户情报	客户名单是商业秘密非常重要的组成部分，如被竞争对手知悉，可能危及企业的生存
8	其他资料	其他与竞争和效益有关的商业信息，如采购计划、供货渠道、销售计划、会计财务报表、价格方案、分配方案、计算机软件、重要的管理方法等。这些信息能使企业在竞争中有一定优势。经企业有意进行保密的信息，都应当是商业秘密

2. 对商业秘密的鉴定

（1）鉴定人员。企业可成立由管理者、技术人员和法律人士组成专门的鉴定小组，对企业所有情报资料进行分析鉴定。

（2）鉴定标准。企业鉴定商业秘密，可以直接运用商业秘密的要件价值性、实用性、新颖性、秘密性、保密性来进行评价；企业应当分析一定区域本行业的形势，以正确估计竞争地位，从对企业有利的角度确定商业秘密，而不能单纯地从法律角度鉴定商业秘密。

（3）对商业秘密进行分类、定级。企业对商业秘密进行分类，主要是为了方便管理。其分类方法也是灵活多变的，可以从商业秘密所属范畴划分，分为技术类商业秘密、经营类商业秘密和其他类商业秘密；也可以从生产环节划分，分为开发环节商业秘密、生产环节商业秘密等。比较常见的是便于管理的一种分类方法，就是按照情报资料涉密的程度（或者密级）分类，具体如表 11-6 所示。

表 11-6　按照情报资料涉密的程度（或者密级）分类

序号	涉密的程度 （或者密级）	具体说明
1	关键性商业秘密 （绝密级）	一个具有竞争力的企业，至少都有一部分具有价值的商业秘密，比如配方、生产工艺等。这些商业秘密是企业赖以生存的基础，一旦泄密，企业就会招致灭顶之灾，所以必须将其划出并予以特别保护。当然，将这类商业秘密无限扩大也是一个误区，企业管理者必须准确清醒地认识到危及企业生存的商业秘密是什么
2	重要性商业秘密 （机密级）	这一类商业秘密也是有重大价值的，它的泄密虽然不像关键性商业秘密会给企业带来灾难性后果，但是也会使企业大伤元气，遭受巨大经济损失
3	一般性商业秘密 （秘密级）	其他具备商业秘密要件的情报资料都可以归入这一类。一般性商业秘密对竞争者也是有价值的，但是竞争对手得到它不会使权利人遭受不可弥补的损害
4	其他情报资料	有些虽有价值但并不属商业秘密范围，但是由于这些可利用资料的收集和整理需要付出一定的时间和薪水，企业也应当在短时间内妥善保管

3. 与涉密人员签订保密协议

企业在生产经营过程中，其商业秘密必定要加以利用，无论其员工或是第三人都有机会接触、知悉商业秘密，所以企业应当与接触商业秘密的人员建立一个明示的保密措施——保密协议。在人力资源的范畴，主要是指企业与员工的保密协议。

（1）员工对企业的保密义务。员工对企业的保密义务基于其对企业的忠实义务的要求，其内容如图 11-4 所示。

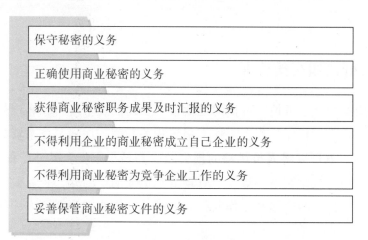

图 11-4　员工对企业的保密义务

（2）保密协议。员工对企业的上述义务不仅是单方面负有的义务，而且是默示义务。即使企业与员工没有书面合同或协议，员工仍然对企业商业秘密负有上述义务。尽管如此，企业还是应当与每一个有可能接触秘密的员工签订保密协议。这个协议可以作为劳动合同里的保密条款补充，也可以是一个单独的商业秘密。

企业可以从表11-7所示的三个方面入手起草保密协议。

表11-7 保密协议应包含的内容

序号	内容	具体说明
1	关于商业秘密范围的界定	对哪些属于商业秘密、涉密的范围与具体的种类性质等内容应做详尽的规定，这是侦办或诉讼时有力的证据
2	关于保密期限的约定	鉴于商业秘密的性质，只要不公开就会永远保持其秘密性。因此，对于权利人以外知悉商业秘密的人，权利人有权要求其无限期地负有保密义务。故不但在工作关系和劳动合同存续期间，而且在工作关系或劳动合同解除以后直至商业秘密公开为止，相关人员或员工都不得披露使用或许可他人使用企业的商业秘密
3	关于违约责任	由于侵犯商业秘密罪是结果犯罪，目前商业秘密损失赔偿额的确定有相当的难度，被侵害企业举证也很困难，因此有必要在协议中事先约定相关人员或员工违约造成泄密时应付的违约金和赔偿金的计算方法及具体数目。这一方面便于诉讼；另一方面昂贵的预期违约成本也有助于抑制违约泄密行为的发生

（3）该签保密合同的人员。在具体实施时，企业除了考虑企业内部的研究开发人员、技术人员、市场计划和营销人员、财会人员、秘书人员、保安人员外，不能忽略工作交往中不得不向其提供本企业商业秘密的合作伙伴、谈判对手、重要客户、服务提供单位等。该签合同的一定要签，该履行的手续一定要履行，以防侵权后发生争执。

五、做好离职交接管理

员工跳槽本身并不可怕，可怕的是他带走公司的技术资料和客户信息。如果公司规范了岗位职责、作业流程、工作汇报等相关制度，加强了技术资料和客户资料的管理和备份，就可以将人员跳槽的损失减少到最小限度。另外，很多员工跳槽，也正是因为公司的规章制度不健全、管理混乱造成的。因此，企业要制定严格的规章制度和流程，让离职交接和工作安排有章可循，不要因为个别人才的离职而乱了阵脚。

下面提供一份××企业员工离职交接制度的范本，仅供参考。

> 范本

××企业员工离职交接制度

第一条 目的

规范离职手续交接工作，使后续工作有序进行。

第二条 适用范围

公司全体员工。

第三条 定义

离职：指员工因内部工作调动、轮岗、晋升或者终止、解除劳动合同等原因离开原工作岗位或者公司的情况。

第四条 权责

（一）综合办公室负责制定员工离职交接管理制度与程序。

（二）员工辞职须先向本部门主管递交辞职申请，交由人力资源部批准后，再进行工作交接。主管级以上员工辞职，须亲自向董事长提交辞呈，董事长批准后方可开始办理交接手续。

（三）员工的辞退经部门主管、人力资源部、董事长批准后方可生效。

（四）综合办公室负责办理员工离职的结算手续，包括档案与物品的转移和清点。

（五）会计人员因工作变动或离职，必须将本人所经管的会计工作全部移交给接替人员。会计人员办理交接手续，必须有监交人负责监交，交接人员及监交人员应分别在交接清单上签字后，移交人员方可调离或离职。

第五条 原则

（一）员工离职必须履行完整的工作交接程序，交接手续办理完毕后财务部方可对其进行工资结算。

（二）财务部员工离职，工资须压后一个月发放。

（三）离职交接须以文字形式记录备案，保证资产、财产、账务、资料、印章、钥匙、工作等全部移交无误。

（四）档案交接必须由移交人、接收人与监交人共同签字，并签注时间地点。

（五）公司重要证照、档案文件、材料的交接须呈董事长确认签字。

第六条 交接程序

（一）员工离职须向人力资源部领取"员工离职交接表"（见附表1）及"离职手续清单"（见附表2），并按要求认真填写，包括以下内容。

离职岗位/离职原因/入职、离职日期/部门意见/离职约谈内容等个人工作信息；办公资产、办公用品/钥匙、门禁卡/个人管理的公司现金、账务凭证/技术图纸、参数/客户资料、工作记录/车辆、设备及工具/制服、胸牌等公司资产和财产。

（二）离职员工部门主管负责组织工作交接，综合办公室负责监督交接。

（三）固定资产的验收：资产管理员、部门主管须按照部门台账、个人台账、领用单与实物核对，资产管理员须对物品耗损情况的合理性进行评估，无误后方可填写交接单。交接单须由移交人、资产管理员、部门主管共同签字确认后方可生效。

（四）档案管理员核对应交接的凭证、资料、文件并制作详细的档案交接清单，并注明档案的属性：原件或复印件；资料交接须以原件移交；离职员工计算机资料由档案管理员进行归档备份。

（五）交接完毕后，"离职手续清单"递交人力资源部审核无误后存档。

（六）财务部负责核算离职员工的应付工资，并于下个月工资发放日发放。

第七条　责任

（一）移交人责任：须将在职期间一切公司档案及资产完整移交。隐瞒、伪造、损坏公司档案及资产者，公司有权追究其法律责任。

（二）接收人、监交人责任：接收人对接收的档案及资产负有验收与保管责任。监交人对交接负有监督责任。在交接过程中须确保一切公司事项已交接完毕。若移交人员离开公司后，发现遗漏交接事项或者交接不实的情况，由接收人与监交人共同承担责任。

（三）资产管理员的责任：资产管理员须对所验收固定资产进行核实，并对其耗损的合理性进行评估；若所验收的资产出现异常耗损，资产管理员应追究相关人员的责任，并要求其赔偿；若因资产验收员的疏忽，未对异常耗损资产进行耗损评估，公司将有权要求资产管理员进行相关赔偿。

第八条　注意事项

（一）部门主管自接到员工离职通知之日起，有权封存该员工经手的计算机及全部文件资料。

（二）部门主管应于接到员工离职通知两个工作日内拟定交接计划，确定交接内容、时间、地点以及后续工作安排等事宜，并及时通知综合办公室人员进行监督交接。

（三）离职人员逾期不办理交接或未按程序交接，部门主管应及时告知综合办公室处理；若存在违规违法情况，公司将报司法机关处理。

（四）员工因伤亡、失踪、潜逃等行为离职，由部门主管办理交接手续。

（五）离职人员严禁拷贝、复印公司一切文件资料，违者承担法律责任；因公司内部调动需要拷贝资料者，必须在工作交接单中注明；调动人员因工作需要查阅离职岗位文件资料，须报经部门主管及综合办公室批准后可查阅。

（六）相关的交接人员须确保离职员工将与工作相关的一切账号及密码一并交接清楚，员工离职后发现此项有漏交情况的，由监交人和接收人共同承担责任。

第九条　本制度由综合办公室负责制定、修改、监督实施，并拥有最终解释权。

第十条　本制度为暂行制度，自颁布之日起执行。

第十一条　附件

附表1"员工离职交接表"

附表2"离职手续清单"

人力资源成本管理——全程实战指导手册

附表1

员工离职交接表

员工姓名		所属部门		申请时间	

本岗位工作交接情况（可另附工作交接清单）： 交接经手人签字：	本部门或直接上级意见： 负责人： 本部门或直接上级确定的还需要交接的部门名称： 1.　　　　　　2. 3.　　　　　　4.
_____部门意见： 负责人签署：	_____部门意见： 负责人签署：
_____部门意见： 负责人签署：	_____部门意见： 负责人签署：
办公设备及用品交接情况（可另附工作交接清单）： 经手人签署：	综合办公室意见： 负责人签署：
个人与公司账务状况（可另附工作交接清单）： 经手人签署：	财务部意见： 负责人签署：
人力资源部意见： ☐本人申请　☐合同期满　☐公司解聘 入职日期：　　年　月　日 离职日期：　　年　月　日 ☐同意离职　☐不同意离职 负责人签署：	本人同意移交以上事项内所有内容，有关离职手续已按规定办妥。已将公司重要资料交还，并确保不外泄本人在职工作期间所了解的公司相关商业、技术机密 确认从即日起与公司结束劳动关系，今后所从事的一切活动与公司无关！ 离职员工本人签署： 日期：
公司核准：	备注：

附表 2

离职手续清单

兹有_____部（科）员工_____（工号_____）身份证号_____离开公司。请各有关部门指导其做好工作及物资的移交手续，移交完毕后请相关人员在本部门栏内签署意见，并盖章或签名。

入职时间	___年__月__日
离职日期	___年__月__日
离职种类	□辞职　　□辞退　　□除名、开除　　□其他
离职原因	签名：
所属部门	签名：
后勤	签名：
财务部	签名：
信息部	签名：
行政部	签名：
人力资源部	签名：
总（副总）经理	签名：

□本人申请离职结算工资以现金形式发放，由本人亲自领取
□本人申请离职结算工资以电汇方式打进本人银行账号发放。户名：_____
银行账号：_____；开户银行：_____
离职员工本人签字：_____

第十二章
签订合同,防范风险

第一节
劳动合同的认知

一、劳动合同的含义

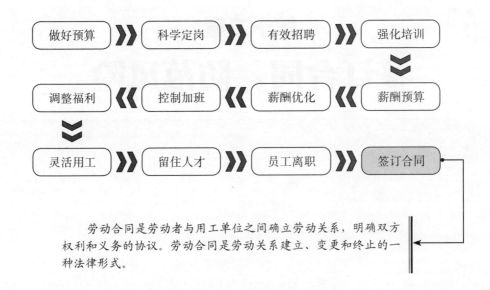

劳动合同是劳动者与用工单位之间确立劳动关系、明确双方权利和义务的协议。劳动合同是劳动关系建立、变更和终止的一种法律形式。

二、劳动合同的作用

对于用人单位来说，劳动合同具有图 12-1 所示的作用。

图 12-1 劳动合同的作用

1. 是促进劳动力资源合理配置的重要手段

（1）合理使用劳动力。用人单位可以根据生产经营或工作需要确定招收录用劳动者的时间、条件、方式和数量，并且通过与劳动者签订不同类型、不同期限的劳动合同，发挥劳动者的专长，做到人尽其才，合理使用劳动力。

（2）巩固劳动纪律。用人单位享有依法订立、变更、解除、终止劳动合同的自主权，劳动者能进能出，可以促进劳动力流动，优化劳动力资源配置。劳动合同规定劳动者必须遵守其所在单位内部劳动规则和其他规章制度，有利于巩固劳动纪律。

（3）提高劳动生产率。签订劳动合同的目的之一是为了提高劳动生产率。只要用人单位认真履行劳动合同，就能调动广大劳动者的劳动积极性，促进劳动生产率的提高。

2. 有利于避免或减少劳动争议

劳动合同明确规定劳动者和用人单位的权利义务，这既是对合同主体双方的保障又是一种约束，有助于提高双方履行合同的自觉性，促使双方正确行使权力，严格履行义务。因为劳动合同的订立和履行有利于避免或减少劳动争议的发生，有利于稳定劳动关系。

三、劳动合同的特征

（1）劳动合同主体具有特定性。一方是劳动者，即具有劳动权利能力和劳动行为能力的中国人、外国人和无国籍人；另一方是用人单位，即具有使用劳动力的企业个体经济组织、事业组织、国家机关、社会团体等用人单位。双方在实现劳动过程中具有支配与被支配、领导与服从的从属关系。

（2）劳动合同内容具有劳动权利和义务的统一性及对应性。没有只享受劳动权利而不履行劳动义务的，也没有只履行劳动义务而不享受劳动权利的。一方的劳动权利是另一方的劳动义务；反之亦然。

（3）劳动合同客体具有单一性，即劳动行为。

（4）劳动合同具有诺成、有偿、双务合同的特征。劳动者与用人单位就劳动合同条款内容达成一致意见，劳动合同即成立。用人单位根据劳动者劳动的数量和质量给付劳动报酬，不能无偿使用劳动力。劳动者与用人单位均享有一定的权利并履行相应的义务。

（5）劳动合同往往涉及第三人的物质利益关系。劳动合同必须具备社会保险条款，同时劳动合同双方当事人也可以在劳动合同中明确规定有关福利待遇条款，而这些条款往往涉及第三人物质利益待遇。

第二节
劳动合同签订风险防范措施

一、谨慎拟订劳动合同

劳动合同并不完全是双方意思协商的结果,劳动合同的各项条款基本都有法律的强制性规定,并且有些连具体标准都是法定的,比如社会保险、休息休假、经济补偿、违约责任等,当事人双方几乎都没有协商的自由和余地。

总体来讲,劳动合同对于劳资双方来讲都没有多少文章可做,合同的内容基本已被法律的规定所代替。这是《劳动法》的社会法属性决定的。

劳动合同里真正需要双方协商确定的,只有合同期限、劳动报酬、工作内容和地点、试用期、培训、保守秘密、保险和福利待遇。这些可由双方协商的部分,正是企业需要着力研究的地方。

1. 劳动合同的必备条款

《劳动合同法》第十七条规定,劳动合同应当具备以下条款。

（1）用人单位的名称、住所和法定代表人或者主要负责人。

（2）劳动者的姓名、住址和居民身份证或者其他有效身份证件号码。

（3）劳动合同期限。

（4）工作内容和工作地点。

（5）工作时间和休息休假。

（6）劳动报酬。

（7）社会保险。

（8）劳动保护、劳动条件和职业危害防护。

（9）法律、法规规定应当纳入劳动合同的其他事项。

2. 录用条件的约定

一般来说,签订合同后随即而来的是试用期。员工在试用期内"被证明不符合录用条件的",用人单位可以解除合同。实践中,用人单位常常遇到如何举证证明存在事前明确的录用条件的困难。劳动合同可以明确约定相关岗位的录用条件,以解决该问题,避免双方对录用条件的内容发生争议。合同约定的录用条件应当与试用期满时的考核项目相对应,不能考核衡量的录用条件是没有意义的。

3. 岗位职责和要求的约定

用人单位能证明员工在职期间发生严重失职的行为，或不能胜任工作的情况，可以解雇或调岗。如果合同里具体约定到岗位的职责和工作要求、考核指标，则用人单位在证明员工有失职行为或不能胜任工作的情况时会更容易。《劳动合同法》加重了违法解除的后果，用人单位以失职等理由解除合同但又不能有效证明相关事实的，视同违法解除，后果是解除无效或双倍经济补偿。因此，以此理由解除合同必须更加慎重。所以，合同约定相关岗位工作要求，是非常有必要的。

4. 试用期的规定

目前在企业的用工过程中，滥用试用期以侵犯员工权益的现象比较普遍。《劳动合同法》第十九条针对滥用试用期、试用期过长问题，做出了有针对性的规定。在试用期问题上，企业需要注意以下三点。

（1）试用期是一个约定的条款，如果双方在劳动合同中没有事先约定，企业就不能以试用期为由解除劳动合同。

（2）《劳动合同法》限定了试用期的约定条件，员工在试用期间应当享有全部的劳动权利。

这些权利包括取得劳动报酬的权利、休息休假的权利、获得劳动安全卫生保护的权利、接受职业技能培训的权利、享受社会保险和福利的权利、提请劳动争议处理的权利以及法律规定的其他劳动权利，还包括依照法律规定，通过职工大会、职工代表大会或者其他形式，参与民主管理或者就保护员工合法权益与企业进行平等协商的权利。所以，企业不能在劳动合同中因为员工处于试用期的身份而加以限制，与其他员工区别对待。

（3）试用期包括在劳动合同期限内。也就是说，不管劳动合同双方当事人订立的是一年期限的劳动合同，还是三年、五年期限的劳动合同，如果约定了试用期，劳动合同期限的前一段期限（比如可能是三天、五天或者一个星期，可能是一个月或者二个月）是试用期，试用期包括在整个劳动合同期限里。不管试用期之后是订立劳动合同还是不订立劳动合同，都不允许单独约定试用期。

5. 试用期工资可以约定

员工和企业可以在劳动合同里约定试用期的工资，约定试用期工资应当体现同工同酬的原则。员工在试用期的工资要满足两个最低标准：其一，不得低于本单位同岗位最低档工资；其二，劳动合同约定工资的80%。

另外，企业要注意员工在试用期的工资不得低于企业所在地的最低工资标准。

6.试用期解除劳动合同的限制

企业在试用期随意解除劳动合同的现象较为严重。有些企业利用在试用期解除劳动合同相对容易的情况,任意解除与员工的劳动合同,走马观花式地更换试用人员。为遏制部分企业恶意使用试用期,《劳动合同法》第二十一条做出了针对性规定,在试用期中除有证据证明员工不符合录用条件外,企业不得解除劳动合同。企业在试用期解除劳动合同的,应当向员工说明理由。

这意味着企业在试用期中要解除与员工的劳动合同,必须有证据、有理由,证明员工哪些方面不符合录用条件,为什么不合格。如果企业恶意使用员工,不尽应尽的义务,则员工诉诸法律时,企业要承担败诉的风险。

7.服务期的约定

劳动合同的服务期协议是指由用人单位与劳动者签订的,约定由劳动者为用人单位服务一定期限的劳动协议。

《劳动合同法》第二十二条规定:用人单位为劳动者提供专项培训费用,对其进行专业技术培训的,可以与该劳动者订立协议,约定服务期。

（1）约定服务期的培训需具备的条件

可以与该劳动者订立协议,约定服务期的培训是有严格的条件的,如图12-2所示。

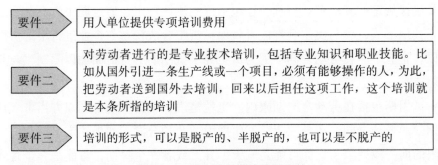

图12-2 约定服务期的培训要件

（2）违约金的约定

用人单位与劳动者要依法约定违约金,主要包含两层意思。

① 违约金是劳动合同双方当事人约定的结果。劳动者违反服务期约定的,应当按照约定向用人单位支付违约金。体现了合同中的权利、义务对等原则。所谓"对等",是指享有权利,同时就应承担义务,而且彼此的权利、义务是相应的。这要求当事人所取得财产、劳务或工作成果与其履行的义务大体相当。

② 用人单位与劳动者约定违约金时不得违法。即约定违反服务期违约金的数额不得超过用人单位提供的培训费用。违约时,劳动者所支付的违约金不得超过服务期

尚未履行部分所应分摊的培训费用。

违反服务期约定的违约金的数额不得超过用人单位提供的培训费用。违约时，劳动者所支付的违约金不得超过服务期尚未履行部分所应分摊的培训费用。

（3）关于服务期的年限

服务期的长短可以由劳动合同双方当事人协议确定，但是用人单位在与劳动者协议确定服务期年限时要遵守两点。

① 要体现公平合理的原则，不得滥用权力。

② 用人单位与劳动者约定的服务期较长的，用人单位应当按照工资调整机制提高劳动者在服务期间的劳动报酬。

8. 对规章制度的确认

鉴于有关法律规定，企业的劳动规章制度必须公示或告知员工方才对员工有效，并且需要有证据证明曾经告知。因此，企业必须设置一种有效的流程，保证每个员工都看到和了解了规章制度并能对此予以证明。企业可以在劳动合同中设置相应条款，这是一种有效和方便的告知、保留证据的办法。但最好在合同末尾签署栏的下方特别注记，并由员工另行签名，以免员工在发生纠纷时主张合同为单位格式条款，单位没有特别提示，并且拒绝修改，自己未曾多看，从而影响该确认的效力。

9. 薪资奖金调整的约定

《劳动合同法》第三十五条规定，变更合同约定内容需要企业与员工协商一致并以书面方式进行，因此调整薪资并不是企业单方说了算。除非有法定理由，否则降低薪资需要员工同意。

这在一定程度上限制了企业的用工管理自由，企业必须做出必要的安排才能达到奖优罚劣的目的。

企业在劳动合同里可以把变更合同转换为履行合同的行为，比如约定奖金随个人绩效浮动的方法，或者薪资在一定条件成就时自动调整的方法。这样约定后，将来的薪资调整不再是变更合同的行为，而是如约履行合同。其合法性的前提是得到双方事先的一致同意，是双方合意的安排。

10. 薪资随岗位调整的约定

以合法理由调整岗位时是否可以同时调整薪资，法律并没有明确的规定。有些人认为可以，有些人认为不可以。认为可以的理由是同工同酬，认为不可以的理由是变更合同需要协商一致书面确定。无论如何，这是个法律规定的模糊地带，企业可以在劳动合同里进行适当填补。

劳动合同可以约定，企业在合理调整员工的岗位时，有权相应地调整薪资，其薪资按照新岗位标准执行。

11. 约定违约金

一般情况下，员工离职需要提前一个月通知企业。实际中，员工不辞而别或"即辞即别"的情况时有发生，法律又规定企业不得随意约定违约金，那么如何规制员工不依法提前一个月通知就离职的违法行为呢？企业可以在劳动合同里约定赔偿办法，但是企业与员工也不能随意约定违约金条款。《劳动合同法》对违约金制度有着明确的规定。

法律只是限制员工向用人单位支付违约金的情形，而对用人单位向员工支付违约金的情形并不限制。当劳动合同约定了用人单位提前解除或终止劳动合同向员工支付违约金的情形时，法律并不禁止，用人单位需按约定的数额向员工支付违约金。因此，建议用人单位在劳动合同中不要约定向员工支付违约金的情形。

法律规定员工违法解除合同的需要承担赔偿责任，《劳动合同法》第九十条规定："劳动者违反本法规定解除劳动合同，……给用人单位造成损失的，应当承担赔偿责任。"该条规定在实践中较难落实，企业很难举证造成的损失金额，并且员工离职后经常不知去向，无法追究赔偿责任。可行的做法是在合同里约定损失的计算方法，如员工离职后安排其他人加班处理其岗位事务所发生的加班费、临时紧急招用新员工发生的额外费用、工作未完好交接造成的业务损失等，都可以约定具体的计算方式，并约定损失赔偿可以在薪资中扣除。员工不辞而别时，企业依此方式计算赔偿并暂扣薪资的，应当是合情合理的做法，被司法支持的可能性非常大；相反，如果合同未做约定，只是简单地扣除员工当月薪资，这种行为并没有充分的法律依据，被判支付的风险较大。

12. 保护商业秘密的约定

商业秘密是不为大众所知悉、能为权利人带来经济利益、具有实用性并经权利人采取保密措施的技术信息和经营信息。在激烈的市场竞争中，任何一个企业生产经营方面的商业秘密都十分重要。在市场经济条件下，企业用人和员工选择职业都有自主权。有的员工因工作需要，了解或掌握了本企业的技术信息或经营信息等资料。如果企业事先不向员工提出保守商业秘密、承担保密义务的要求，有的员工就有可能带着企业的商业秘密另谋职业，通过擅自泄露或使用原企业的商业秘密以牟取更高的个人利益。如果没有事先约定，企业往往难以通过法律讨回公道，从而使企业遭受重大经济损失。

因此，企业可以在合同中就保守商业秘密的具体内容、方式、时间等与员工约定，防止自己的商业秘密被侵占或泄露。

13. 约定竞业限制的范围

竞业限制的实施客观上限制了员工的就业权,进而影响了员工的生存权,因此其存在仅能以协议的方式确立。比如,竞业限制的范围、地域、期限由企业与员工约定。尽管企业因此付出一定的代价,但一般而言,该代价不能完全弥补员工因就业限制而遭受的损失。

因此,为了保护员工的合法权益,《劳动合同法》第二十四条在强调约定的同时,对竞业限制进行了必要的约定,如表12-1所示。

表 12-1　对竞业限制的约定

序号	约定项目	具体说明
1	人员	竞业限制的人员限于企业的高级管理人员、高级技术人员和其他知悉企业商业秘密的人员
2	竞业限制的范围	竞业限制的范围要界定清楚。由于竞业限制了员工的劳动权利,竞业限制一旦生效,员工要么改行要么赋闲在家,因此不能任意扩大竞业限制的范围。鉴于商业秘密的范围可大可小,如果任由企业来认定,难免有被扩大之虞。原则上,竞业限制的范围、地域应当以能够与企业形成实际竞争关系的地域为限
3	约定竞业限制必须是保护合法权益所必需	竞业限制的实施必须以正当利益的存在为前提,必须是保护合法权益所必需。首先是存在竞争关系,最重要的是不能夸大商业秘密的范围,员工承担义务的范围不能被无限制地扩张,以致损害员工的合法权益
4	竞业限制的期限	在解除或者终止劳动合同后,受竞业限制约束的员工到与本企业生产或者经营同类产品、从事同类业务的有竞争关系的其他企业,或者自己开业生产或者经营与本企业有竞争关系的同类产品、从事同类业务的期限不得超过两年

14. 通信地址的约定

劳动合同履行过程中,企业偶尔需要向员工发送书面通知,比如要求签订合同的通知、续签通知、解雇通知、禁止双重关系的通知等。以上书面文书具有实质性的法律意义,能不能证明单位曾经通知过,关乎责任的有无、诉讼的胜败。当员工不愿签收上述通知时,企业应当进行邮寄或快递。

因此,企业应当要求员工将自己的联系地址在合同里书面写明,省却将来需要证明通知确已有效送达本人的麻烦。另外,企业还可要求员工提供其个人电子邮件和手机号码,以便重要文件多渠道发送,并可要求以上信息如有更改应当及时书面通知单位,未通知更改的寄送原地址视为送达。

15. 约定劳动合同期限

劳动合同期限是指合同的有效时间，它一般始于合同的生效之日，终于合同的终止之时。

根据《劳动合同法》第十二条的规定，劳动合同期限分为固定期限、无固定期限和以完成一定工作任务为期限三种。合理地确定劳动合同期限，对当事人双方来说都是至关重要的。

确定劳动合同期限，除了坚持劳动合同订立的原则外，还要掌握图12-3所示的两条原则。

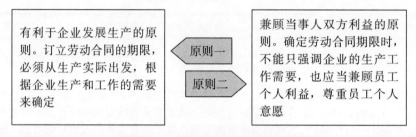

图 12-3　确定劳动合同期限的原则

总之，当事人双方都应当处理好眼前利益和长远利益的关系，合理确定劳动合同的期限。

科学合理地确定劳动合同的期限，对于用人单位和员工的发展都有很大帮助。用人单位可以根据生产经营的长期规划和目标任务，对劳动力的使用进行科学预测、合理规划，使劳动合同期限能够长短并用、梯次配备，形成灵活多样的格局。员工可以根据自身的年龄、身体状况、专业技术水平、自身发展计划等因素，合理地选择适合自己的劳动合同期限。

二、签订时尽告知义务

《劳动合同法》第八条规定了企业与员工的如实告知义务。所谓如实告知义务，是指在企业招用员工时，企业与员工应将双方的基本情况如实向对方说明的义务。告知应当以一种合理并且适当的方式进行，要求能够让对方及时知道和了解。

1. 企业的告知义务

企业对员工的如实告知义务，体现在企业招用员工时应当如实告知员工以下内容：工作内容、工作条件、工作地点、职业危害、安全生产状况、劳动报酬和员工要求了解的其他情况。

这些内容是法定并且无条件的，无论员工是否提出知悉要求，企业都应当主动如实向员工说明。

除此以外,对于员工要求了解的其他情况,如企业相关的规章制度,包括企业内部的各种劳动纪律、规定、考勤制度、休假制度、请假制度、处罚制度以及企业内已经签订的集体合同等,企业都应当进行详细的说明。

2. 员工的告知义务

员工的告知义务是附条件的,只有在企业要求了解员工与劳动合同直接相关的基本情况时,员工才有如实说明的义务。员工与劳动合同直接相关的基本情况,包括健康状况、知识技能、学历、职业资格、工作经历以及部分与工作有关的员工个人情况,如家庭住址、主要家庭成员构成等。

企业与员工双方都应当如实告知另一方真实的情况,不能欺骗。如果一方向另一方提供虚假信息,将有可能导致劳动合同的无效。如员工向企业提供虚假学历证明,企业未如实告知工作岗位存在患职业病的可能等,都属于《劳动合同法》规定的采取欺诈手段订立的劳动合同,该劳动合同无效。

三、不能要求员工提供担保及扣押证件

1. 企业违法向员工收取财物的情况

企业违法向员工收取财物的情况主要有两种。

(1)建立劳动关系时收取风险抵押金等项费用,对不交者不与其建立劳动关系,对交者在建立劳动关系后又与其解除劳动关系且不退还风险抵押金等项费用。

(2)建立劳动关系后全员收取风险抵押金等项费用,对不交者予以开除、辞退或者下岗。

因此,无论是在建立劳动关系之前,还是在建立劳动关系之后,只要企业招用员工,即不得要求员工提供担保或以其他名义向员工收取财物。

2. 企业向员工收取财物或者扣押员工证件的法律责任

员工有权拒绝企业以各种形式和名义向自己收取定金、保证金(物)或抵押金(物)。《劳动合同法》第八十四条规定如下。

用人单位违反本法规定,扣押劳动者居民身份证等证件的,由劳动行政部门责令限期退还劳动者本人,并依照有关法律规定给予处罚。

用人单位违反本法规定,以担保或者其他名义向劳动者收取财物的,由劳动行政部门责令限期退还劳动者本人,并以每人五百元以上两千元以下的标准处以罚款;给劳动者造成损害的,应当承担赔偿责任。

四、必须订立书面劳动合同

1. 订立劳动合同应当采用书面形式

劳动合同作为劳动关系双方当事人权利和义务的协议,也有书面形式和口头形式之分。

《劳动法》和《劳动合同法》明确规定,劳动合同应当以书面形式订立。用书面形式订立劳动合同严肃慎重、准确可靠、有据可查,一旦发生争议时,便于查清事实,分清是非,也有利于主管部门和劳动行政部门进行监督检查。另外,书面劳动合同能够加强合同当事人的责任感,促使合同所规定的各项义务能够得到全面履行。

2. 未在建立劳动关系时订立书面劳动合同的情况处理

对于已经建立劳动关系,但没有同时订立书面劳动合同的情况,要求企业与员工应当自用工之日起一个月内订立书面劳动合同。

(1)根据《劳动合同法》第十四条的规定,企业自用工之日起满一年不与员工订立书面劳动合同的,视为企业与员工已订立无固定期限劳动合同。

(2)企业未在用工的同时订立书面劳动合同,与员工约定劳动报酬不明确的,新招用员工的劳动报酬应当按照企业或者行业集体合同规定的标准执行;没有集体合同或者集体合同未作规定的,企业应当对员工实行同工同酬。

(3)企业自用工之日起超过一个月但不满一年未与员工订立书面劳动合同的,应当向员工支付两倍的月工资。

3. 先订立劳动合同后建立劳动关系的情况

在现实中也有一种情况,企业在招用员工进入工作岗位之前先与员工订立了劳动合同。

对于这种情况,其劳动关系从用工之日起建立,其劳动合同期限、劳动报酬、试用期、经济补偿金等均从用工之日起计算。

五、避免签无效劳动合同

无效的劳动合同是指由当事人签订成立而国家不予承认其法律效力的劳动合同。一般合同一旦依法成立,就具有法律约束力,但是无效合同即使成立也不具有法律约束力,不发生履行效力。

导致劳动合同无效的原因有表12-2所示的四个方面。

表 12-2 劳动合同无效的原因

序号	原因	具体说明
1	劳动合同因违反国家法律、行政法规的强制性规定而无效	（1）用人单位和员工中的一方或者双方不具备订立劳动合同的法定资格，如签订劳动合同的员工一方必须是具有劳动权利能力和劳动行为能力的公民。企业与未满十六周岁的未成年人订立的劳动合同就是无效的劳动合同（国家另有规定的除外） （2）劳动合同的内容直接违反法律、法规的规定，如员工与矿山企业在劳动合同中约定的劳动保护条件不符合《中华人民共和国矿山安全法》的有关规定，他们所订立的劳动合同是无效的 （3）劳动合同因损害国家利益和社会公共利益而无效。《民法通则》第五十八条第五项确立了社会公共利益的原则，违反法律或者社会公共利益的民事行为无效
2	订立劳动合同因采取欺诈手段而无效	（1）在没有履行能力的情况下签订合同。如根据劳动法的规定，从事特种作业的员工必须经过专门培训并取得特种作业资格。应聘的员工并没有这种资格，提供了假的资格证书 （2）行为人负有义务向他方如实告知某种真实情况而故意不告知的
3	订立劳动合同因采取威胁手段而无效	威胁是指当事人以将要发生的损害或者以直接实施损害相威胁，一方迫使另一方处于恐怖或者其他被胁迫的状态而签订劳动合同，可能涉及生命、身体、财产、名誉、自由、健康等方面
4	用人单位免除自己的法定责任、排除员工权利的劳动合同无效	劳动合同简单化，法定条款缺失，仅规定员工的义务，有的甚至规定"生老病死都与企业无关""用人单位有权根据生产经营变化及员工的工作情况调整其工作岗位，员工必须服从单位的安排"等霸王条款

相关链接

常见的无效劳动合同条款

一、违法约定员工承担违约金

比如，合同期未满员工提前离职，需支付违约金；合同期内员工违反制度单位辞退，员工需要支付违约金；员工离职未提前30天提出，需支付违约金等。

根据《劳动合同法》规定，除了竞业限制、保密协议以及服务期协议外，单位不得约定由劳动者承担违约金。如果合同中违法约定了违约金，劳动者无须履行，已经履行的可以要求单位返还，单位强制从工资里扣除的，应属未及时足额支付工资，员工可要求相应经济补偿。

二、违法约定社会保险

比如，约定员工自愿放弃缴纳社保、转正后才缴纳社保、达到一定职级或工作一定年限才缴纳社保、单位缴费由员工承担等。

为员工缴纳社会保险是用人单位的法定义务，具有强制性，不得以双方的约定予以排除。《社会保险法》第五十八条规定，用人单位应当自用工之日起三十日内为其职工向社会保险经办机构申请办理社会保险登记。用人单位未依法为劳动者缴纳社会保险，员工可以要求补缴，并且还能以此提出离职，要求经济补偿。

三、约定违反操作规程发生工伤概不负责

员工因工受伤是否属于工伤，应当由社会保险部门根据《工伤保险条例》规定进行认定。在工伤认定中，无论员工是否存在过错，认定为工伤后就应当享有工伤保险待遇，单位未给员工缴纳工伤保险，应该由单位全额承担，不因员工违纪而改变。

当劳动者产生工伤后，单位以此约定拒绝申请工伤认定，员工可以在事故发生一个月后自行申请认定，这一个月内所产生的医疗费用，工伤保险不报销，由单位承担。

四、违法约定试用期

比如，试用期内工资过低、试用期过长、"试岗"没有工资、多次约定试用期、试用期内单位可无条件解除合同等。

根据《劳动合同法》相关规定，同一用人单位只能与劳动者约定一次试用期，试用期工资不得低于转正工资的80%。试用期长短根据劳动合同期限决定，劳动合同期限一年，试用期最多约定一个月，劳动合同期限三年以上，劳动合同最多约定六个月。

因此，用人单位不能证明员工试用期内不符合录用条件，而无条件解除，属违法解除，员工可以要求支付赔偿金。

五、约定造成损失，员工照价全额赔偿

用人单位在生产经营过程中所造成的损失也是经营风险的一部分，劳动者提供劳动，经营收益归于用人单位，让劳动者承担全额的赔偿，则显然收益与风险不对称，此于劳动者而言为不合理、不公平。

实践中，劳动者存在故意或重大过错的情形下，单位可以要求员工承担全部或部分损失，但合同中约定，只要造成损失就全额赔偿，是不合理的。用人单位以此约定强制从员工工资中扣除损失，造成未及时足额支付劳动报酬，员工可以要求支付，并要求经济补偿。

六、约定员工离职需提前三个月申请

根据《劳动合同法》规定，劳动者提前三十日以书面形式通知用人单位，可以解除劳动合同。劳动者在试用期内提前三日通知用人单位，可以解除劳动合同。

注意是书面形式通知，并非申请，无须用人单位同意。即使劳动者离职未提前三十日内通知单位，单位克扣员工工资也是违法的，只能举证员工离职所造成的损失，

以要求员工赔偿。

七、约定单位可以随时无条件调岗

用人单位根据经营发展以及员工能力、表现,调整员工的职务和工作岗位、工作地点,属于单位的用工自主权。但单位调岗需要具备合理性,对员工调岗不能存在惩罚性、侮辱性,不能降低员工的薪资待遇,不能给员工生活造成不便,并且要有协商的过程。

《劳动合同法》第三十五条规定,用人单位与劳动者协商一致,可以变更劳动合同约定的内容。用人单位不合理的调岗安排,员工可以拒绝,单位以此为由辞退员工,属违法解除,员工可以要求单位支付赔偿金。

八、单位提供的内部培训,约定服务期

《劳动合同法》第二十二条规定,用人单位为劳动者提供专项培训费用,对其进行专业技术培训的,可以与该劳动者订立协议,约定服务期。这里的提供专项培训费用,指的是单位出钱,让员工到外面行进专项技能培训,企业的内部培训不属于此情形,单位不能约定服务期和违约金。

六、对拒签劳动合同的员工立即终止劳动关系

《中华人民共和国劳动合同法实施条例》(以下简称《劳动合同法实施条例》)第二章第五条规定:"自用工之日起一个月内,经用人单位书面通知后,劳动者不与用人单位订立书面劳动合同的,用人单位应当书面通知劳动者终止劳动关系,无须向劳动者支付经济补偿,但是应当依法向劳动者支付其实际工作时间的劳动报酬。"

对于用人单位来说,考虑到劳动争议案件中的举证责任分配,为了减少风险及增加工作量,用人单位在与劳动者建立劳动关系之日起一个月内应尽快安排与其签订劳动合同,发现有可能拒签合同情形的劳动者,在满一个月前应立即书面通知终止与其之间的劳动关系。如果已经满一个月的,也要立即书面通知终止劳动关系,但此时需要支付经济补偿金和双倍工资。

对于这些没有诚信的劳动者来说,他们在今后的工作中一般也会存在这样或那样的问题。所以,用人单位立即终止与他们之间的劳动关系,虽然会损失一些招聘成本,但是可以避免支付双倍工资及经济补偿金,以及减少以后可能出现的更多损失。

用人单位在按这一规定具体操作时需要注意一个细节,就是对于书面终止通知应注意通知送达证据的保存。用人单位在录用员工时便让员工在入职声明或员工简历中书面确认接收用人单位书面文件的送达地址,那么用人单位在终止劳动关系时可以通过快递方式邮寄通知并保存邮寄单,证明自身依法终止与拒签劳动合同劳动者之间的

劳动关系，可以避免陷入违法解除合同的情形。

另外，用人单位最好向所在地劳动部门咨询如何处理。如果有用人单位咨询过的记录，将来该员工向劳动部门投诉时，会减少一些后续麻烦。

员工入职拒签劳动合同，怎么办

【案例背景】

小莫于2020年7月1日应聘到某公司担任一线操作工人。当时公司订单较多，小莫入职后直接上岗工作。半个月后，公司HR通知小莫签订书面的劳动合同，然而其借故推迟。三天后，HR再次通知小莫签订劳动合同，可是他依然找各种理由给予拒绝。HR在与车间主管商议，并向领导汇报之后，于7月20日，公司以小莫拒签劳动合同为由，将其辞退。

小莫离职后，找到HR，认为工厂无故辞退自己，要求赔偿，被HR断然拒绝。随后，小莫向当地劳动争议仲裁委提出仲裁申请，要求公司支付其赔偿金。

仲裁委在审理后，做出了不支持小莫仲裁申请的裁决。

【案例分析】

《劳动合同法》第十条规定，建立劳动关系，应当订立书面劳动合同。已建立劳动关系，未同时订立书面劳动合同的，应当自用工之日起一个月内订立书面劳动合同。《劳动合同法》第八十二条同时规定，用人单位自用工之日起超过一个月不满一年未与劳动者订立书面劳动合同的，应当向劳动者每月支付两倍的工资。

由此可见，用人单位未在合理时间内与职工订立劳动合同的，需要承担支付双倍工资的风险。

根据《劳动合同法实施条例》第五条规定，自用工之日起一个月内，经用人单位书面通知后，劳动者不与用人单位订立书面劳动合同的，用人单位应当书面通知劳动者终止劳动关系，无须向劳动者支付经济补偿，但是应当依法向劳动者支付其实际工作时间的劳动报酬。

本案中，该公司与小莫的劳动关系自2020年7月1日起建立，公司应当在8月1日前与该职工签订书面劳动合同。但双方没有签订劳动合同是劳动者本人原因造成的，因此在用工之日起一个月内，工厂终止与该职工的劳动关系，此举不属于违法解除劳动合同，不需要支付赔偿金，只需按照相关约定支付职工实际工作期间的工资即可。

【案例点评】

　　用人单位应自用工之日起一个月内及时书面通知并与劳动者签订书面劳动合同，如劳动者故意不签订，用人单位需要固定证据。自用工之日起一个月内，如果劳动者拒绝签订书面劳动合同，用人单位应当及时依法终止与劳动者的劳动关系，以防遭受支付双倍工资的法律风险。

　　面对员工拒签劳动合同时，HR要做到以下两点。

　　第一，及时发现苗头，然后果断地在一个月内终止与其的劳动关系。

　　第二，收集、固定好员工拒签劳动合同的证据，防止职场"碰瓷"，降低企业风险。